선생님,
평화통일이
뭐예요?

선생님, 평화통일이 뭐예요?

제1판 제1쇄 발행일 2022년 5월 15일

기획 | 책도둑(김민호, 박정훈, 박정식)
글 | 김병연, 배성호
그림 | 이재임
디자인 | 이안디자인
펴낸이 | 김은지
펴낸곳 | 철수와영희
주소 | 서울시 마포구 월드컵로 65, 302호(망원동, 양경회관)
전화 | 02-332-0815
전송 | 02-6003-1958
전자우편 | chulsu815@hanmail.net
등록 | 제319-2005-42호
ISBN 979-11-88215-71-3 73340

ⓒ 김병연, 배성호, 이재임 2022

* 이 책에 실린 내용 일부나 전부를 다른 곳에 쓰려면 반드시 저작권자와 철수와영희 모두한테서 동의를 받아야 합니다.
* 이 책에 실린 사진 중 저작권자를 찾지 못하여 허락을 받지 못한 사진에 대해서는 저작권자가 확인되는 대로 통상의 기준에 따라 사용료를 지불하도록 하겠습니다.
* 잘못된 책은 출판사나 처음 산 곳에서 바꾸어 줍니다.
* 철수와영희 출판사는 '어린이' 철수와 영희, '어른' 철수와 영희에게 도움 되는 책을 펴내기 위해 노력합니다.

어린이제품 안전특별법에 의한 기타 표시사항
제품명 도서 | **제조자명** 철수와영희 | **제조국명** 한국 | **전화번호** (02)332-0815 | **제조연월** 2022년 5월 | **사용연령** 8세 이상
주소 04018 서울시 마포구 월드컵로 65, 302호(망원동, 양경회관)
주의사항 종이에 베이거나 긁히지 않도록 조심하세요. 책 모서리가 날카로우니 던지거나 떨어뜨리지 마세요.

선생님, 평화통일이 뭐예요?

글 김병연·배성호 | 그림 이재임

철수와영희

[머리말]

평화 여행으로 여러분을 초대합니다

　북한으로 체험학습을 가면 어떨까요? 꿈같은 이야기처럼 들린다고요. 무섭게 느껴지는 친구들도 있을 것 같아요. 그런데 실제로 우리 반 친구들과 북한 개성에 다녀왔어요. 개성에서 북한 사람들과 함께 평화 나무를 심고, 우리에게 잘 알려진 선죽교, 박연 폭포 등을 둘러보면서 벅찬 감동을 느꼈어요.

　지금은 남북을 자유롭게 오갈 수 없지만, 1998년부터 2008년까지는 많은 국민이 금강산으로 여행을 다녀왔어요. 또 남북이 함께 만든 개성 공단이 운영되면서 남북 교류가 활발하게 이뤄졌답니다.

　사실 서울에서 개성까지는 아주 가까워요. 차로 이동하면 2시간 남짓이면 도착하거든요. 개성 시내를 둘러보고 북한 음식을 먹고 군사 분계선을 통과해 돌아오면서 세상 그 어디보다도 멀고 낯설게 느껴졌던 북한이 새롭게 다가왔어요. 그리고 평화가 얼마나 소중한지 느낄 수도 있었답니다.

　북한, 그리고 북한 사람들은 우리에게 어떤 의미일까요? 가장 가까이 있으면서도 가장 먼 존재가 아닐까요? 이 땅에 사는 사람이라면 누구나 북한과 우리, 그리고 통일에 대해 한 번쯤 생각해 볼 수 있어요.

　우리나라는 꼭 통일을 해야 한다고 말하는 분들이 많아요. 하지만 어떻게 통일할 것인가에 대해서는 생각이 달라요. 우리 어린이, 청소년 들 가운데에는 통일을 안 하는 것이 오히려 더 낫다고 거침없이 이야기하는 친구도 있어요. 선생님으로서 학교에서 이런 친구들을 만나면 어떻게 설명하면 좋을까 싶어 당황한 적도 있답니다. 이러한 고민을 함께 나누기 위해 이 책을 썼어요.

　우리는 북한과 어떻게 지내면 좋을까요? 지금처럼 미워하고 갈등하면서 살면 될까요? 남북이 갈라져 가족을 잃고 평생 만나지 못해도 괜찮은 것일까요? 통일이 되면 과연 우리에게 어떤 점이 좋을까요? 만약 통일을 한다면 어떻게 이루는 것이 가장 좋을까요?

　이 책을 읽으면서 이런 질문들의 답을 함께 생각해 보면 좋겠어요. 남북이 평화롭게 지내면서 다시 금강산으로 또 개성으로 즐겁게 여행을 떠날 수 있길 바라며 인사드립니다.

김병연, 배성호 드림

[차례]

머리말 : 평화 여행으로 여러분을 초대합니다 __ 4

1
평화통일을 상상해 볼까요?

1. 통일은 무슨 뜻이에요? _____ 12
2. 평화와 통일은 왜 함께 이야기될까요? _____ 16
3. 북한과 어떤 관계를 만들어야 할까요? _____ 19
4. 남과 북을 잇는 길이 열리면 어떤 일이 벌어질까요? _____ 23
5. 한반도에 평화가 오면 어떤 좋은 일이 있을까요? _____ 27
6. 새로운 한반도에는 어떤 직업이 생길까요? _____ 30

2
남한과 북한은 왜 사이가 좋지 않았나요?

1. 38선은 왜 생겼나요? _____ 36
2. 한국전쟁 때 어떤 일이 있었나요? _____ 39
3. 전쟁기념관의 〈형제의 상〉에는 어떤 사연이 있나요? _____ 42
4. 휴전선과 정전협정은 무엇인가요? _____ 45
5. 실향민이 왜 생겼나요? _____ 49
6. 이산가족은 얼마나 많나요? _____ 52
7. 북한을 떠나 남한에 온 북한 친구들과 어떻게 지내야 하나요? _____ 55
8. 전쟁은 사람들에게 어떤 상처를 남겼나요? _____ 57

3
오랜 분단은 어떤 결과를 낳았나요?

1. 남한과 북한은 왜 큰 군대를 유지하고 있나요?   62
2. 핵무기는 다른 무기와 어떻게 다른가요?   65
3. DMZ는 어떤 곳인가요?   67
4. '종북'·'빨갱이'라는 말은 무슨 뜻인가요?   70
5. 종전선언과 평화협정은 무엇인가요?   73

4
남북한은 통일을 위해 어떤 노력을 했나요?

1. 김구 선생님은 왜 남한 단독 정부 수립에 반대했나요?   78
2. '햇볕 정책'이 무슨 뜻인가요?   80
3. 올림픽에서 남북이 하나 되어 입장한 적이 있다고요?   83
4. 올림픽 시상식에서 남북 선수가 다툰 적이 있나요?   86
5. 사이가 좋지 않은 남과 북이 어떻게 친구가 될 수 있을까요?   90
6. 금강산으로 체험학습과 여행을 다녀온 적이 있다고요?   93
7. 대한민국 해군이 북한 배를 도와준 적이 있다는데 사실인가요?   96
8. 남북 정상은 왜 판문점과 백두산에서 만났나요?   99

5
모두가 평화로운 한반도는 어떻게 만들어야 할까요?

1. 분단국가였던 독일은 어떻게 통일을 했나요?　　**104**
2. 통일하게 되면 비용이 많이 든다던데요?　　**108**
3. 남북이 무기 살 돈을 아끼면 어떤 곳에 쓸 수 있을까요?　　**112**
4. 누가 통일을 결정하고 이루어야 할까요?　　**116**

1
평화통일을 상상해 볼까요?

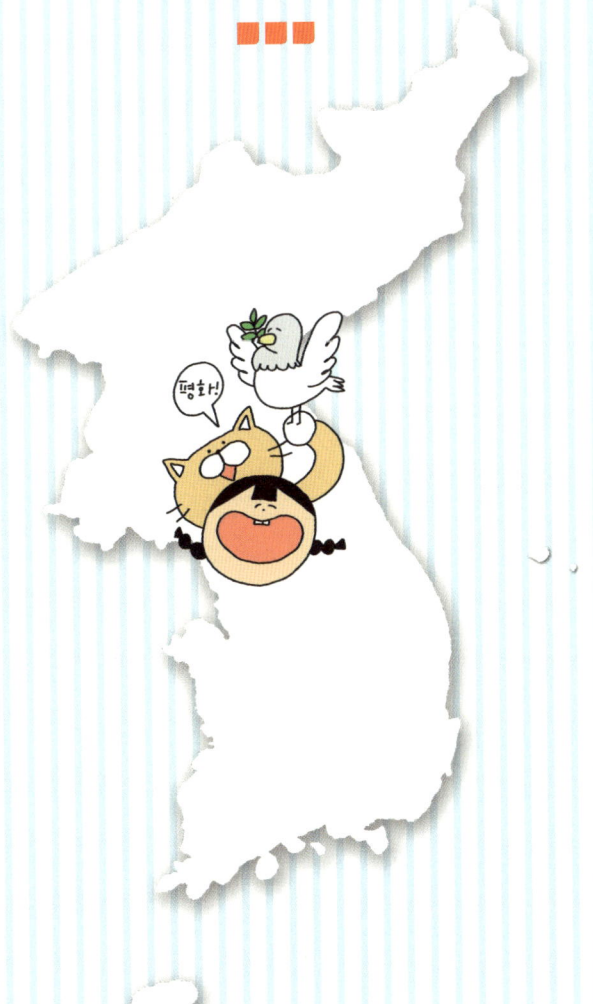

1. 통일은 무슨 뜻이에요?

사전에서 통일은 '나누어진 것을 하나로 합친다'는 의미로 어렵지 않은 말로 보여. 하지만 현실에서는 이 말이 여러 가지 의미로 사용돼. 사용하는 사람마다 의미를 조금씩 다르게 쓰다 보니 불필요한 논쟁을 하기도 하지. 흔히 지금 당장 남한과 북한의 체제를 하나로 합하는 것, 그러니까 하나의 국가가 되는 것을 통일이라고 생각하는 경우가 많아. 통일을 이렇게 이해하게 되면 국가명이나 국기, 국가의 노래 등과 같이 나라를 상징하는 것들을 하나로 일치시키는 것을 먼저 떠올리게 돼. 서로 다른 이름과 국기, 국가의 노래를 가진 두 나라가 하나로 통합되는 것을 생각하지.

사람들이 통일에 대해 이런 이미지를 떠올리는 이유는 1990년 독일의 통일에서 영향을 받은 것 같아. 독일 역시 우리처럼 분단되었다가 베를린 장벽을 허물고 나서 총선거를 통해 통일이 되었거든. 그래서 독일의 사례는 통일 문제를 이야기할 때마다 빠지지 않고 등장해. 독일은 1945년 제2차 세계 대전에서 패전하면서 연합군인 프랑스, 영국, 미국, 소련에 의해 분할되었어. 이후 서독과 동독으로 분단되어 살다가 1990년에 통일을 이루었어. 우리와 비교하면 빨리 통일을 이루어 냈다고 볼 수 있어.

어느 날 갑자기 두 나라의 제도를 하나로 통합하는 것을 목표로 삼으면 많은 부작용이 생길 수 있어. 통일 이전 동독과 서독은 1960년대부터 경제적으로나 사회적으로 교류를 해 왔대. 분단되어 있었지만 서로를 이해할 수 있는 시간을 많이 가졌다는 이야기야. 그렇지만 통일을 하고 난 후 후유증이 적지 않았어. 겉으로는 하나의 국가가 되었지만 사람들은 동독 출신과 서독 출신으로 나뉘어서 서로를 '오씨(Ossi)', '베씨(Wessi)'라고 부르며 무시하고 비아냥거리는 경우도 있었대. 독일어로 동쪽은 오스트(Ost)이고 서쪽은 베스트(West)야.

지역에 따라 임금 차이가 컸고, 생각 차이도 커서 갈등도 많았어. 어쩌면 당연한 결과인지 몰라. 서로 다른 체제에서 다른 방식으로 오랜 기간 살아온 사람들이 어느 날 갑자기 같은 지붕 아래 모여서 하나의 규칙을 따르면서 살게 된 거야. 갈등이 안 생기는 게 더 이상하지.

독일의 통일 이야기를 듣다 보면 사람들의 마음을 모으는 일이 가장 중요하다는 걸 알 수 있어. 그런데 마음을 모으는 게 말처럼 쉽지 않아. 오랜 시간이 걸릴 수밖에 없지. 서로 양보하고 배려하며 기다리는 자세가 필요해. 남북한 사람들이 서로 대등하게 만날 조건을 만드는 것도 필요해. 아무리 착한 마음으로 대해도 누군가 자신이 손해 본다고 생각하면 마음을 하나로 모으는 것은 어렵겠지?

어떻게 해야 할까? 일단 자주 만나야 할 것 같아. 만나다 보면 서로에 대해 가졌던 편견이 조금씩 사라질 수 있어. 물론 새로운 편견과 갈등이 생길 수도 있어. 그 과정을 잘 견디고 해결해야 제도가 통일되었을 때 갈등을 줄일 수 있지. 북한과 경제 교류를 더 많이 하고 개성공단 같은 곳을 더 많이 만들어서 협력하다 보면 남과 북이 서로에게 도움이 된다는 걸 더 많은 사람이 느낄 수 있게 될 거야. 동시에 남한과 북한의 다양한 곳을 개방해서 서로 관광을 할 수 있도록 하는 것도 중요해. TV나 영화, 라디오 등을 함께 보고 들을 수 있도록 하는 것도 필요하겠지? 남과 북의 어린이들이 친구의 학교를 방문해서 한동안 지내 보는 것도 좋을 것 같아. 아니면, 함께 참여하는 캠프 같은 활동을 자주 여는 것은 어떨까? 서로 자주 만나고 부딪치다 보면 이해의 폭도 넓어질 거야.

2. 평화와 통일은 왜 함께 이야기될까요?

통일이란 말과 함께 중요하게 생각해 봐야 할 단어는 평화야. 왜 평화와 통일이 함께 이야기되는지 이유를 말해 줄게. 우리나라는 1945년에 해방이 되면서 우리의 의지와 상관없이 남한과 북한으로 나뉘지게 되었어. 한국전쟁 이후에 남과 북으로 나뉘었다고 생각하는 사람도 있겠지만 사실은 해방 때 이미 나뉘져 있었지. 당시 우리나라 사람들은 모두 통일을 원했지만, 통일된 나라가 어떤 나라가 되어야 할지에 대해서는 생각이 달랐어. 그래서 갈등이 심했지. 결국 1948년에 남과 북에 서로 다른 정부가 수립되고 1950년부터 3년 동안 끔찍한 전쟁을 겪을 수밖에 없었어. 그 후 크고 작은 갈등이 끊이질 않았고 서로에 대한 미움과 오해는 더 커졌지.

그렇지만 사람들은 곧 통일이 될 거라 생각한 것 같아. 1947년에 발표된 〈우리의 소원〉이라는 노래를 누구나 간절하게 불렀어. 그때는 통일이라는 말을 모두가 당연한 것으로 받아들였거든. 2000년 김대중 대통령과 북한 김정일 국방위원장이 정상 회담을 하고 이 노래를 함께 부르기도 했어. 하지만 2008년 이후 금강산과 개성 관광이 중단

되고 2016년부터 개성 공단도 문을 닫으면서 남북 사이가 다시 안 좋아졌어. 사람들의 마음도 자연스럽게 멀어졌어. 오가는 사람이 줄고 전쟁을 염두에 둔 군사 훈련 소식이 많아질수록 통일을 상상하기 어려워진 거야.

지금은 전쟁을 멈추고도 70년 가까이 시간이 흘렀어. 남과 북을 오가며 함께 살았던 추억을 가진 사람이 이제는 많지 않아. 태어났을 때부터 분단된 우리나라를 자연스럽게 받아들이는 사람이 오히려 더 많아진 거야. 통일에 대해서도 다양한 생각이 나타나기 시작했어.

여전히 통일이 중요하고 반드시 해야 한다고 하는 사람도 있어. 하지만 그보다 많은 사람이 전쟁 위험과 갈등이 없다면 지금 이대로도 괜찮다고 생각하기 시작했어. 평화로운 공존이 가능하다면 굳이 통일을 할 필요가 없다고 생각하는 사람들이 점점 늘고 있지. 오히려 준비 없이 통일하게 되었을 때 더 많은 혼란을 겪지 않을까 걱정하는 사람도 많아.

우리는 분단되었기 때문에 어쩔 수 없이 마주해야 하는 문제들이 있어. 이 문제들을 어떻게 해결하고 미래로 나아갈 수 있을까? 서로 논쟁을 벌이고 있는 사람들 모두가 원하는 건 무엇일까? 바로 평화야. 만약 우리 사회에서 평화를 만들지 못하는 통일이라면 그건 좀 다시 생각해 봐야 하지 않을까? 통일도 중요하지만 평화는 더 중요하니까. 남과 북의 사람들 모두가 더 평화로워지기 위해 남북 관계를 어떻게 만들까를 고민하는 게 더 중요해. 그래서 평화와 통일을 이야기하는 사람들은 지금 당장 통일되어야 한다고 주장하지 않아. 그보다 앞서 두 나라의 평화를 위해 남북 관계를 다양한 측면에서 살펴볼 것을 강조해.

그럼 통일은 언제 하냐고? 우선 중요한 것은 남북의 사람들이 평화롭게 공존하면서 서로 도움을 주고 살아갈 수 있는 환경을 만드는 것이야. 통일은 남과 북의 사람들이 준비가 되었을 때 결정해도 늦지 않아.

3. 북한과 어떤 관계를 만들어야 할까요?

우리는 늘 행복하게 살고 싶어. 하지만 생각이 달라서 학교에서 친구와 싸우기도 하고 집에선 부모님과 갈등을 겪기도 해. 대부분의 사람이 그렇게 살지. 그런데 가끔 미워하는 사람이 생기더라도 시간이 흐른 뒤에 다시 용서하고 사이좋게 지내기도 하잖아. 갈등이 잘 해결되면 이전보다 더 큰 행복을 느끼기도 해. 다퉜던 친구와 화해하고 나서 더 친해진 경험을 한 적도 있을 거야.

세상에는 참 다양한 사람이 살고 있어. 우리 반 친구들을 생각해 보자. 어떤 친구는 나와 생각이 비슷해서 눈빛만 봐도 무슨 생각을 하는지 알 수 있어. 그런데 어떤 친구는 너무 달라서 때로는 싫기도 해. 또 다른 친구는 일 년 동안 말 한마디 하지 않을 만큼 무관심하게 지내기도 해. 가끔 '나랑 생각이 잘 맞는 친구하고만 있었으면……' 하는 생각이 들 때도 있을 거야. 그런데 한번 상상해 봐. 나와 친한 친구들만 교실에 모여 있다면 학교생활이 어떨까? 아마 그중에서도 또 친한 친구, 별로 안 친한 친구가 생길 게 뻔해. 어쩌면 우리가 사는 세상은 이렇게 다양한 사람이 모여 있기에 잘 돌아가는지도 몰라. 나와 생각이 달라도, 생김새가 달라도 있는 그대로 존중하는 마음, 그게 제일 중요하지 않을까?

 북한도 마찬가지야. 북한을 싫어하는 친구나 어른도 많아. 끔찍한 전쟁을 겪었고 이후에도 서로 경쟁해 왔기 때문에 이런 생각을 하는 것도 당연해. 그래서 북한이 사라지면 모든 문제가 해결될 것처럼 생각하기도 해. 어떤 문제가 생기면 그 원인을 일단 북한 탓으로 돌리는 사람들도 있어. 악마처럼 생각하는 사람들도 있는 것 같아. 악마는 절대적으로 나쁜 존재니까 없어져야 한다고 생각해. 북한이라는 존재

자체를 인정하지 않는 거지. 그런데 이렇게 하면 문제가 잘 해결될까?

이것만은 기억해 주면 좋겠어. 우리는 혼자 살지 않고, 또 혼자 살 수도 없어. 사람들 속에서 서로 영향을 주고받으며 살아. 친구들이나 선생님을 떠올려 봐. 학급에서 어떤 사건이 생기면 문제의 당사자뿐 아니라 학급 친구 모두에게 영향을 주지. 남북 관계도 마찬가지야. 남한과 북한은 너무나 가까이 연결되어 있어서 서로에게 긍정적이든 부정적이든 영향을 미칠 수밖에 없어. 꼭 북한이 아니라고 해도 우리는 이웃한 일본이나 중국과도 많은 영향을 주고받고 있잖아.

그럼 북한과 어떤 관계를 만들어야 할까? 먼저 우리 입장에서만 북한을 바라보지 않았으면 해. 우리는 늘 옳고 북한은 항상 그르다고 생각하기 쉬워. 이렇게 생각을 하면 남북한 사이의 문제를 제대로 바라볼 수 없게 돼. 역지사지라는 말 들어 봤지? 처지를 바꿔 놓고 생각해 보자는 말이지. 북한을 바라볼 때도 이 사자성어를 늘 염두에 두었으면 해.

우리 사회가 완벽하지 않듯이 북한 사회도 완벽하지 않아. 그걸 인정하고 있는 그대로 받아들이는 게 중요해. 남과 북은 70년이 넘는 시간을 떨어져 살아왔어. 그런 사람들의 생각과 행동 방식이 다른 건

당연한 일이잖아. 우리 기준으로 보면 이상한 것이 한두 가지가 아니야. 그런데 잠시 생각을 바꿔 보자. 외국에 여행갔을 때를 생각해 봐. 그 나라 사람들의 사는 모습을 우리 기준으로 비판하지는 않지? 오히려 호기심을 품고 그 사람들은 왜 그렇게 살고 있을까 생각해 보잖아. 잘 모르겠을 때는 인터넷으로 정보를 찾아보기도 하고 책을 통해 공부할 때도 있어. 북한도 그런 태도로 바라봤으면 해.

　서로에 대한 믿음을 쌓기 위해 마음속 이야기를 나누는 것도 필요해. 마음이 잘 맞는 친구라면 그 친구가 나에 대해 듣기 싫은 소리를 해도 오히려 고맙기도 하잖아. 나의 잘못을 바로잡을 수 있게 해 주고 덕분에 내가 더 좋은 사람이 될 수 있으니까. 친구가 나쁜 일을 할 때는 지적해 주는 것이 좋은 친구라 할 수 있어. 마찬가지로 친구가 나의 잘못을 지적할 때는 잘 받아들이는 자세가 필요해. 남한과 북한의 사이도 그렇게 발전했으면 좋겠어.

4. 남과 북을 잇는 길이 열리면 어떤 일이 벌어질까요?

'삼면이 바다로 둘러싸이고 한 면은 육지에 이어진 땅'을 일컬어 반도라고 불러. 우리나라를 '한반도'로 부르는 이유야. 북한은 '조선반도'라고 불러. 한반도의 '한'은 대한민국을 의미해. 조선반도의 '조선'은 북한의 국호인 조선민주주의인민공화국에서 따온 말이고. 그런데 분단으로 계속해서 대립하는 한 우리나라를 반도 국가라고 부르는 것은 좀 어색해. 반도는 대륙으로 자유롭게 나아갈 수 있어야 하는데 우리는 70년 이상 그러질 못했잖아.

일본과 같은 섬나라는 어떨까? 섬나라는 4면의 바다와 하늘로 자유롭게 이동할 수 있어. 그런데 남한은 반쪽 면의 바다와 하늘로만 나갈 수 있어. 우리는 태어날 때부터 이렇게 살았기 때문에 불편함을 잘 느끼지 못해. 그래서 그냥 이대로 살아도 상관없다고 생각하는 친구도 많아. 과연 그럴까?

사실 38선은 한국전쟁 전인 1945년부터 그어져 있었어. 하지만 그때만 해도 지금처럼 남북의 길이 완전히 막혀 있지는 않았어. 1948년 4월 19일 김구 선생님은 남북 분단을 막기 위해 회담을 하러 38선을 넘어 평양에 다녀오기도 하셨어. 하지만 전쟁 이후 모든 길이 닫혔어. 더 이상 오갈 수 없게 되었지.

잠시 길이 열리기도 했어. 1998년 금강산 관광이 처음 시작되었을 때 동해에 남북을 잇는 뱃길이 열렸어. 이후 버스를 이용해서 금강산 관광을 할 수 있었어. 2007년 10월에는 노무현 전 대통령이 2차 남북 정상 회담을 위해 직접 군사 분계선을 걸어서 넘어간 적이 있어. 개성 공단에서 생산된 물건을 실어 나르는 열차가 다닌 적도 있고. 하지만 남북 관계가 나빠지면서 이 길들은 언제 그랬냐는 듯 닫혀 버렸어. 사람들의 마음의 문도 함께 닫혀 버렸고.

2018년 12월, 다시 남북의 길을 잇기 위한 행사가 있었어. 서울과 북한의 신의주를 잇는 경의선 역 중 하나인 판문역에서 남한과 북한의 관계자들이 만나 철도와 도로를 연결하고 현대화하기 위한 공사의 시작을 알린 거야. 서울과 평양, 강릉과 원산을 잇는 도로와 철도를 잇기 위한 노력도 계속되고 있어. 지금은 멈춰 있지만 북한과 관계가 좋아지면 남한과 북한 지역의 도로와 철로를 연결하기 위한 공사가 이어지게 될 거야. 남과 북의 길이 이어지면 어떤 일들이 새롭게 펼쳐질까?

중국이나 러시아를 지나 유럽으로 이어지는 대륙 열차가 운행되면 많은 사람과 물건이 오가게 될 거야. 지금까지 우리는 유럽 여행이라고 하면 비행기를 타고 가는 것밖에 상상할 수 없었어. 하지만 열차 길이 열리면 낮에는 관광하고 밤에는 열차에서 자면서 유럽까지 배낭여행을 할 수도 있어. 우리만 이 길을 이용하는 게 아니야. 유럽이나 러시아, 몽골, 중국 사람들이 먼 동쪽 반도 국가의 아름다운 산과 바다를 구경하러 올 거야. 관광 수입이 크게 늘어날 수 있단 얘기지. 특히 중국이나 러시아 사람들은 우리나라의 산과 바다를 무척 좋아

백두산이 잘 보인다냥~

한다고 들었어.

　서로 다른 문화를 가진 사람들이 오가면 새로운 문화가 형성될 거야. 또 다른 문화가 더해져 우리 문화가 더 풍요로워질 수 있어. 그동안 접하기 어려웠던 음식 문화, 패션 문화에서부터 영화나 공연 등이 더 다양해질 거야. 그 가운데 우리 문화가 지금보다 더 많이 다른 나라에 전파될 수도 있어. 중요한 것은 이러한 변화가 남과 북 모두에게 이익이 된다는 거야. 더 저렴한 비용으로 물건을 생산하고 주고받을 수 있게 돼. 일본과 중국, 러시아도 무역을 하기 위해 이 길을 적극 이용하게 될 거야.

5. 한반도에 평화가 오면 어떤 좋은 일이 있을까요?

육지와 바다, 하늘에서 다양한 길이 열리면 사람과 물건이 지금보다 훨씬 더 많이 오가게 될 거야. 그렇게 되면 다시 길이 막히는 일은 좀처럼 일어나기 어려워져. 많은 사람들이 긍정적 효과가 크다는 것을 이미 체험했기 때문이지. 그러면 어떤 일들이 벌어질까? 같이 상상해 보자.

세계 여러 나라 사람들이 우리나라를 더 많이 찾아올 것 같아. 새롭게 열린 길을 통해 여행하고 싶어 할 것 같아. 우리나라는 분단 이후 언제든 전쟁이 다시 일어날 수 있는 위험 국가로 인식되었어. 그렇다 보니 외국인들은 한국 여행을 꺼려 했지. 휴전선을 가르고 있는 철조망이 그때는 유명 관광 상품이 될 거야. 독일 분단의 상징이었던 베를린 장벽이 통일 이후 수많은 관광객이 즐겨 찾는 명소가 된 걸 보면 쉽게 예상할 수 있어. 서울을 지나 판문점, 휴전선을 둘러보고 평양까지 이어지는 여행 상품도 나오겠지.

이뿐만이 아니야. 그동안 배나 비행기를 이용해서 교류했던 중국이나 러시아, 몽골 같은 주변 나라와 더 쉽고 효율적으로 교류할 수 있어. 배를 이용할 때보다 시간이 짧게 걸리고, 비행기를 이용할 때보다 저렴하게 물건을 운반할 수 있어. 그 길을 따라 우리의 여행길도 더 다양해지겠지. 먼 훗날에는 유럽까지 가는 기차가 생길지도 모르지. 북한의 백두산이나 개마고원으로 캠핑을 떠날 수도 있을 거야.

이 과정에서 북한이 좀 더 개방적인 사회가 될 수 있어. 다양한 사람과 물건이 오가고 다른 지역으로의 여행을 조금씩 늘려 가면서 북한 사람들의 생각이 좀 더 다양해질 수 있을 것 같아. 그동안 남과 북이 문을 닫고 지내다 보니 서로 이해할 기회가 적었어. 남과 북의 사람들이 자주 만나다 보면 서로의 차이에 대해 이해할 수 있어. 때로는 갈등을 겪고 또 해결하면서 더 조화롭게 살 힘을 키울 수 있지.

남한 사회의 사회적 갈등도 줄어들 수 있어. 우리 사회는 북한에 대한 시각 차이로 인해 극심한 갈등을 겪고 있어. 북한이 믿을 수 있는 대상이냐 아니냐를 두고 서로 의견이 달라. 북한을 바라보는 관점이 다르다 보니 남북 관계를 어떻게 만들 것인지에 대해서도 입장이 저마다 다를 수밖에 없어. 하지만 남과 북이 힘을 모아 함께 평화를 만들고 경제적으로도 번영할 수 있다는 것을 눈으로 확인하게 되면 이런 생각의 차이는 줄어들게 될 거야.

무엇보다 기대되는 건, 남과 북 모두 더 이상 큰 군대를 유지하지 않아도 된다는 거야. 군대 규모를 줄이면 더 많은 젊은이가 좀 더 일찍 경제 활동에 참여할 수 있게 돼. 무기를 사는 데 써 오던 어마어마한 돈을 좀 더 생산적인 일에 투자할 수도 있게 돼.

또 하나 기대되는 게 있어. 우리나라는 이미 경제적으로 세계적인 선진국이 되었지만, 세계인들은 남북 관계로 인해 여전히 우리를 불안한 시선으로 바라보고 있기도 해. 남과 북이 함께 평화를 만들어 간다면 그런 불신을 해소하고 우리나라의 위상을 한층 높일 수 있겠지. 아직도 지구 곳곳에는 크고 작은 분쟁과 갈등을 겪고 있는 나라가 참 많아. 그 나라 사람들에게도 대화를 통한 평화가 가능하다는 희망적인 메시지를 전할 수 있을 것 같아.

6. 새로운 한반도에는 어떤 직업이 생길까요?

남과 북이 평화롭게 교류하고 더불어 잘살 수 있게 되면 사실상 통일은 진행 중이라 할 수 있어. 남북이 함께 발전하는 가운데 사람들이 선택할 수 있는 새로운 일들은 어떤 것이 있을까? 같이 즐거운 상상을 해 보자.

우선 건축이나 토목 관련 일자리가 많이 필요해. 북한 지역의 도로나 철로를 새롭게 만들려면 관련된 일을 하는 사람이 많이 필요할 거야. 학교나 병원, 공공기관 시설도 좀 더 지어야 할 거야. 건설, 토목 분야의 사업이 증가하면 자재를 생산하는 공장도 활기를 띠게 돼.

길이 연결되면 중국과 러시아, 그리고 유럽까지 열차를 운행하는 기관사도 등장할 거야. 아주 오랫동안 열차를 운행해야 하니까 여러 명의 기관사가 필요하겠지? 객실의 모습도 지금까지와는 다를 것 같아. 장거리 여행을 하는 승객을 위해 침대가 설치된 열차도 생길 거야. 승객도 많아지고 서비스도 다양해져야 하니까 더 많은 승무원이 필요하겠지. 아마도 중국어나 러시아어, 몽골어를 할 줄 아는 사람이면 승무원으로 취직하는 데 유리하겠지. 도로가 연결되면 중국이나 러시아로 운행하는 고속버스나 화물차 운전기사도 필요할 거야.

한반도가 평화로워지면 특히 관광 산업이 발전하게 될 거야. 남과 북을 왕래하며 관광을 즐기려는 외국인 관광객이 늘어날 거라는 건

나는
한반도 동물 보호 활동을
하고 싶어.

나는
북한 음식을 배워서
요리사가 될래!

충분히 예상해 볼 수 있어. 그렇다면 아직 관광지로서 익숙하지 않은 북한의 명소들을 관광 상품으로 발굴하고 기획하는 직업도 필요해. 북한의 지리를 잘 아는 북한 사람과 관광 상품 기획 경험이 좀 더 많은 남한 사람이 협력하면 좋을 것 같아.

분단의 상징이던 비무장 지대는 잘 보존된 생태 환경을 체험하고 평화를 생각해 보는 공간이 될 수 있어. 당연히 이곳을 찾는 사람도 많을 거야. 사람들이 비무장 지대의 생태 환경과 역사, 문화를 잘 이해하도록 상품을 기획하는 사람도 필요해. 현장에서 관광객들에게 설명해 주는 전문 해설사도 있어야 해. 주변 지역에서 관광객을 위한 숙박, 음식, 쇼핑 등 관련 서비스를 하는 사람도 필요해. 전쟁 위협을 느끼던 황량한 휴전선 일대가 사람들의 웃음소리 넘치는 희망의 장소가 될 거야. 그곳에서 일하고 싶지 않니?

다양한 분야에서 남과 북의 사람들이 만나고 협력하는 가운데 크고 작은 갈등이 생길 수 있어. 서로 다른 환경에서 살아온 터라 상대방을 이해하는 데 어려움을 겪을 가능성이 커. 그래서 문화 통합을 도와주는 전문가도 필요해. 남한 사람들에게 북한 문화를 이해시켜 줄 수 있는 북한 사람, 북한 사람들에게 남한 문화를 설명해 줄 수 있는 남한 사람이 필요해. 양쪽을 미리 체험해 본 사람이 있으면 제격일 것 같아. 예를 들어 북한에서 살다 남한으로 와서 살고 있는 새터민(북한이탈주민)들이 그 역할을 할 수 있겠지. 아울러 방송이나 신문

사에서 문화 통합을 위한 프로그램을 기획하고 진행할 수 있는 기자나 피디(PD)도 인기 있을 것 같아. 이런 일들은 사회적인 갈등을 줄이는 데 기여하기 때문에 매우 보람 있는 직업이 될 거야.

남북이 함께 일을 하게 되면 남북의 법이나 교육제도 등이 달라 어려움을 겪을 수밖에 없을 거야. 이런 문제를 조율하고 해결해 줄 수 있는 사람도 필요해. 예를 들면 남한과 북한은 사유재산권에 대한 개념이 서로 다르잖아. 이런 제도적 차이를 이해하고 문제가 발생했을 때 도와주는 법률가나 경제 전문가 등도 많이 필요할 거야. 이야기하다 보니 통일 과정에서 우리 사회의 거의 모든 분야에서 새로운 전문성을 갖춘 사람을 필요로 하는 것 같아. 그 역할을 남한과 북한에 살고 있는 사람들이 골고루 나눠서 했으면 좋겠어.

2
남한과 북한은 왜 사이가 좋지 않았나요?

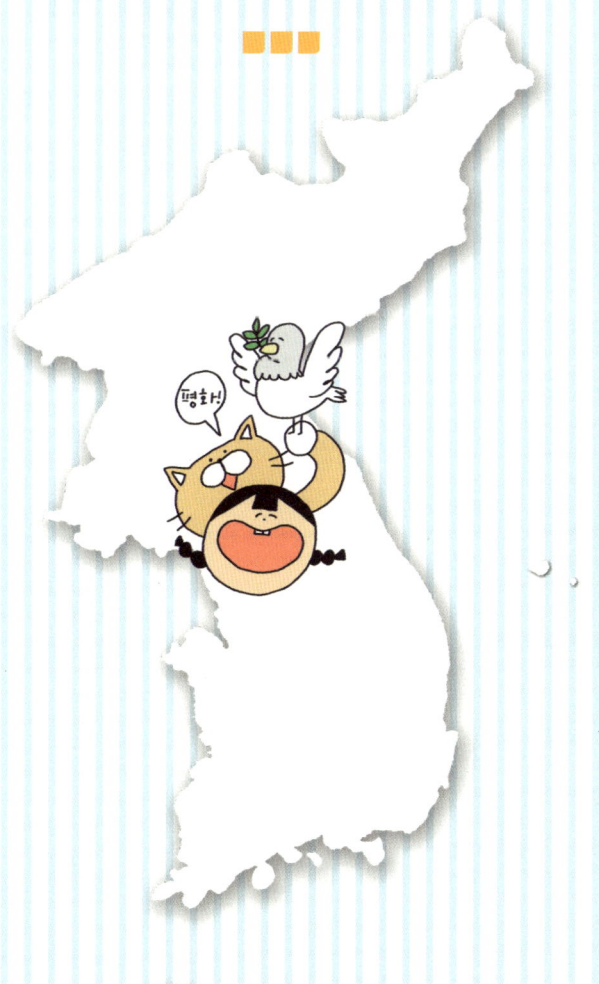

1. 38선은 왜 생겼나요?

한국전쟁이 일어나기 전인 1945년 8월 15일은 우리나라 역사에서 매우 중요한 날이야. 이날이 바로 광복절이야. 일본이 강제로 통치하던 식민 지배가 끝나고 우리나라가 다시 자유를 되찾은 날이니까.

바로 그날 일본은 '무조건 항복'을 선언했어. 당연히 많은 사람들이 기뻐했어. 하지만 이 소식을 들은 백범 김구 선생님은 기뻐하지 않았어. 당시 광복군 훈련소가 있던 중국의 시안에서 이 소식을 듣고 땅을 치며 아쉬워했다는 거야. 왠지 이상하지?

김구 선생님은 일기에 이렇게 썼어.

아! 왜적이 항복. 이 소식은 내게 기쁜 소식이라기보다는 하늘이 무너지고 땅이 꺼지는 일이었다. 수년 동안 애를 써서 참전을 준비해 온 것이 모두 허사로 돌아가고 말았다.

김구 선생님이 아쉬워한 이유는 무엇일까? 김구 선생님도 우리나라가 식민지에서 해방되어 광복을 맞은 것을 기뻐했어. 그렇지만 우리나라가 스스로 광복을 맞지 못한 것을 두고두고 아쉬워하신 거야.

사실 광복이 될 무렵 김구 선생님과 대한민국 임시 정부에서는 광복군을 통해 우리나라를 되찾으려고 노력하고 있었어. 조선 의용군도 중국에서 치열하게 독립을 위해 일본군과 싸우고 있었지. 하지만 일본의 갑작스러운 무조건 항복 선언으로 인해 일본과 맞서 싸웠던 연합군이 우리나라의 미래를 결정 짓게 되어 버린 거야.

김구 선생님의 걱정대로 결국 일본과 맞서 싸운 연합국에 속해 있

던 미국과 소련이 38선을 경계로 우리나라를 나누었어. 위도 38도선을 기준으로 북쪽은 소련군이, 남쪽은 미군이 들어왔어. 미국과 소련 모두 우리나라 사람들의 뜻을 제대로 물어보지 않고 나눈 거야. 이렇게 해방이 되자마자 우리나라는 남과 북으로 갈라지게 된 거지. 우리의 뜻과는 상관없이.

상상해 봐. 일제 강점기에도 남과 북은 자유롭게 오갈 수 있었어. 그런데 어느 날 띄엄띄엄 말뚝을 박아 놓고 사람들이 오갈 수 없게 한 거야. 사람들은 어떻게 했을까? 누구나 남북이 통일되어야 한다고 생각했겠지? 하지만, 안타깝게도 사람들은 마음을 하나로 모으지 못했어. 저마다 생각하는 나라의 모습이 조금씩 달랐거든. 그래서 결국 각자가 원하는 방식을 고집하다가 전쟁으로까지 이어졌어.

2. 한국전쟁 때 어떤 일이 있었나요?

전쟁이란 말을 들으면 뭐가 떠오르니? 혹시 컴퓨터 속 게임이 생각나는 건 아니겠지? 많은 어린이가 전쟁을 재미있다거나 신나는 게임 쯤으로 생각하는 것 같아. 하지만 우리 할아버지, 할머니 들께서 겪었던 전쟁은 너무나 무섭고 가슴 아픈 사연만 가득해. 전쟁은 끔찍하고 생각하기도 싫은 일이야. 그렇다고 잊어버리고 지우려고 해서도 안 돼. 안 좋았던 일이라도 거기서 교훈을 얻어야지.

한국전쟁은 북한의 침략으로 1950년부터 1953년까지 남한과 북한이 외국 군대와 함께 벌인 전쟁이야. 전쟁이 시작된 날이 6월 25일이기 때문에 6·25(육이오)라고도 해. 전쟁은 1953년 7월 27일 정전협정을 맺을 때까지 계속되었어.

많은 친구가 한국전쟁 때문에 남과 북이 갈라져 산 것으로 알고 있어. 하지만 한국전쟁이 일어났던 1950년 이전에 이미 남과 북은 서로 갈라져 있었어. 제2차 세계 대전 당시에 연합군이던 미국과 소련이 서로 대립하기 시작했어. 두 나라는 우리나라가 독립하자마자 남과 북을 38선을 경계로 나누어 버렸어. 또 남한과 북한은 이상적인 나라의 모습에 대해 서로 생각이 달랐어. 1948년에는 남한과 북한이 각각 대한민국과 조선민주주의인민공화국 정부를 수립했지.

한국전쟁은 단순히 남한과 북한의 전쟁이 아니었어. 미국을 포함해 16개 나라로 구성된 유엔 연합군이 남한을 지원했고, 중국과 소련은 북한을 지원했어. 제2차 세계 대전이 끝난 지 불과 5년 만에 우리 땅에서 벌어진 일이었어.

얼마나 많은 사람이 죽고 다쳤을까? 전쟁 중 일이라 정확한 숫자

를 파악하는 것은 어려워. 국방부 자료에 의하면 남한 군인 중에서 62만여 명이 죽거나 다치고, 행방불명이 되었다고 해. 북한 군인은 이보다 훨씬 많은 76만여 명이 죽거나 다쳤어. 어디로 갔는지, 죽었는지 살았는지 알 수 없는 사람도 수없이 많아. 그런데 미국, 중국, 영국, 소련 등에서 참전한 군인까지 합하면 피해자 수는 190만 명 가까이 늘어나.

군인만 전쟁 중에 죽거나 다친 건 아니야. 민간인 중에서 죽거나 다치거나 실종된 사람이 남북한 모두 250만 명 가까이 돼. 피난 가다가 폭격을 맞기도 하고 먹을 것이 없어 굶어 죽기도 했어. 특히 아이, 여성, 할아버지, 할머니 들의 피해가 심했어. 건강한 남자들보다 위험한 상황에서 자신을 보호하기가 너 어려웠던 거야. 전쟁 후에 엄마를 잃은 고아가 10만 명이 넘었대. 또, 1000만 명이 넘는 사람이 이산가족이 되어 슬프게 살아야 했어. 이들에게 전쟁은 어떤 것이었을까? 전쟁의 상대였던 북한, 그리고 남한을 어떻게 생각하게 되었을까?

3. 전쟁기념관의 〈형제의 상〉에는 어떤 사연이 있나요?

서울 용산구에 있는 전쟁기념관 입구에는 〈형제의 상〉이란 조각 작품이 있어. 왜 이런 제목이 붙은 것일까? 여기에는 한 영화의 소재가 되기도 한 이야기가 깃들어 있어. 〈태극기 휘날리며〉라는 영화야. 이 영화는 전쟁에서 적으로 만나야 했던 형제의 슬픈 이야기를 담고 있어.

이 영화의 실제 주인공인 형제는 황해도 평산군이 고향이었어. 형 박규철은 국군 소위였고, 동생 박용철은 북한군 이등병이었어. 해방 후 형은 가족과 떨어져 남한에서 지내고 있었는데, 전쟁이 일어난 거지. 당시 강원도 원주 지역에서 국군과 북한군 사이에 치열한 전투가 있었대. 박규철 소위는 불과 5~6미터 앞에 한 북한군 병사가 엎드려 있는 걸 발견했어. 박규철 소위는 죽이는 것보다 생포하는 게 나을 것 같아 "그냥 엎드려 있어라. 도망치다가는 북한군의 총에 사살당할지 모른다."고 경고했대. 잠시 후 상대의 얼굴을 확인한 박규철 소위는 깜짝 놀랐어. 그 북한군이 헤어진 친동생 박용철이었기 때문이야.

사실 형 박규철은 전날 밤 이상한 꿈을 꾸었대. 꿈속에서 어머니가

전쟁기념관 입구에는 있는 〈형제의 상〉.

나타나 "불효자식 놈!"이라고 호통을 치는 통에 엉엉 울다가 잠에서 깨었어. 다음 날 동생을 만난 후 자신이 간밤에 꾼 꿈의 의미를 이해할 수 있었어. 형은 북한군의 총알을 뚫고 달려가 동생을 안고 구해 왔어. 이후 동생 박용철은 화랑무공훈장을 수상한 형의 배려로 국군에 입대해서 형과 함께 근무할 수 있었대.

〈형제의 상〉은 바로 이 이야기를 바탕으로 만들어진 동상이야. 서로에게 총을 겨눠야만 하는 적으로 맞닥뜨린 형제의 마음은 어땠을까?

전쟁이 남긴 슬픈 이야기는 너무나 많아. 사랑하는 가족, 연인과 헤어지는 일은 셀 수도 없이 많았어. 가족이 비참하게 죽임을 당하는 모습을 지켜볼 수밖에 없었던 사람들도 있었어. 이제 다시는 형제끼리 총을 겨누는 일은 일어나지 않았으면 해. 아니 형제가 아닌 다른 누구에게도 총을 겨누는 일은 없었으면 해. 총 대신 서로에게 손 내밀고 안아 주며 지냈으면 좋겠어.

4. 휴전선과 정전협정은 무엇인가요?

강원도에서 가장 북쪽에 있는 지역 중에 화천이라는 곳이 있어. 겨울이 되면 얼음낚시를 하는 '산천어 축제'가 유명해서 TV에 종종 나오기도 해. 그런데, 화천 가는 길에 '여기가 38선입니다.'라고 새긴 표지석을 볼 수 있어. 처음에는 좀 이상하기도 하고 헷갈렸어. 나중에야 그 표지석이 왜 그곳에 서 있는지 알게 됐지 뭐야.

38선이 어떻게 생겼는지 앞에서 이야기한 적이 있어. 그런데 휴전선이라는 말도 있어. 38선은 알겠는데 휴전선은 또 뭐냐고? 가끔 '철책선'이라는 말도 듣는데 이건 또 뭐야? 화천에 가는 길에 표지석을 보고 헷갈렸던 이유가 바로 '38선'과 '휴전선'을 구분하지 못했기 때문이야. 어쩌면 아직도 많은 사람들은 두 선의 차이를 모르고 있을 거야.

남한과 북한이 긴 철조망들 사이로 총을 겨누고 있는 곳이 있지? 그곳이 바로 휴전선이야. 휴전선, 말 그대로 쉴 휴(休), 전쟁 전(戰), 선 선(線). 전쟁을 잠시 쉬는 동안 그어 놓은 선이란 뜻이야. 그러니까 우리나라의 휴전선은 한국전쟁 때 생긴 거야. 38선은 그보다 앞서 제2차 세계 대전이 끝나고 나서 생긴 거고. 그런데 전쟁을 멈춘 지 70년 가까이 되었지만 지금도 휴전선은 높은 철책으로 연결되어 있어. 휴전선이 전쟁을 하다가 잠시 쉬기 위해 그어 놓은 선이라고 했잖아. 그럼, 언제든지 다시 전쟁을 할 수 있다는 이야기인 것 같아 불안한 마음이 들기도 해. 그런 일은 정말 벌어지지 않았으면 좋겠어.

그럼 38선에는 지금과 같은 무시무시한 철책이 있었을까? 그렇지는 않았대. 그저 38선임을 표시하는 말뚝이 띄엄띄엄 박혀 있었을 뿐 철조망은 없었어. 그러니 처음에는 사람들도 어렵지 않게 오갈 수 있었지. 하지만 1948년에 남과 북에 서로 다른 정부를 세운 다음부터는 절대 오고 갈 수 없게 되었지.

38선이 직선이라면 휴전선은 곡선에 가까워. 전투 중에 만들어진 경계이기 때문에 들쭉날쭉한 모습이지. 전쟁 전에는 개성이 38선 아래여서 남한에 속해 있었어. 그럼, 화천은? 당연히 북한에 속한 곳인데 전쟁 와중에 국군이 점령하게 되었던 거고. 38선이든 휴전선이든 한반도의 허리를 자르고 남쪽과 북쪽이 서로 넘보지 못하게 하는 무시무시한 선이라는 건 다르지 않아. 이런 선은 하루빨리 없어지는 게 좋을 것 같아.

1953년 7월 27일 마침내 정전협정이 맺어져. 이 협정은 전쟁을 끝내자는 의미의 종전도 아니고 이제부터 사이좋게 지내자고 평화를 약속하는 평화협정도 아니었어. 잠시 전쟁을 쉰다는 의미로 휴전협정이라고 불리기도 해. 정전협정 문서에는 정전을 약속한 나라와 대표

1953년 7월 정전협정에 조인하는 유엔군과 북한 군 대표.

정전협정 문서.

자의 이름이 보여. 조선인민군 최고 사령관 김일성, 유엔군 총사령관 클라크, 중국인민지원군 사령원 펑더화이. 좀 이상하지 않아? 대한민국이 보이질 않네. 왜 그랬을까?

전쟁 초기에 국군이 북한군에 밀려서 남쪽으로 계속해서 후퇴하고 있을 때 이승만 대통령은 국군의 작전 지휘권을 미군에게 넘겨주게 돼. 이후 우리 국군은 협정에 서명할 권한이 없어진 거지. 게다가 이승만 대통령은 정전협정을 맺는 것을 강하게 반대했어. 공산주의를 너무 싫어했던 이승만 대통령은 전쟁을 계속해서라도 통일을 해야 한다고 주장했어. 하지만 전쟁이 3년이나 지속되면서 누구도 전쟁을 계속할 만큼 힘이 남아 있지 않았어.

이렇게 맺어진 정전협정은 남과 북이 중요한 일을 결정할 때 종종 걸림돌이 되기도 해. 북한은 중요한 문제가 생길 때마다 남한보다는 미국과의 대화를 더 강조하기도 했어. 정전협정에 서명한 나라가 남한이 아니라 미국(유엔군 대표)이었기 때문이야. 하루빨리 휴전을 끝내고 서로 존중하고 인정하는 정상적인 관계로 바뀌었으면 해.

5. 실향민이 왜 생겼나요?

북에 있는 가족이 그리울 때마다 이 음식으로 그리움을 달래곤 한단다.

오징어 순대에는 할머니의 슬픈 사연이 있어.

설날이나 한가위 때 사람들은 주로 어떤 일을 할까? 차례를 지내기도 하고 오랜만에 온 가족이 모여 맛있는 음식도 먹고 이야기를 나누잖아. 그런데 이런 명절 때 눈물을 흘리며 고향을 그리워하는 분들이 많아. 왜 그럴까?

명절 때 고향에 갈 때면 고속도로에 차가 막혀서 힘들기도 해. 그래도 설레고 즐거운 마음이 더 크지. 함께 웃고 이야기 나눌 수 있는 가족을 만날 수 있으니까. 그런데 그걸 하지 못하는 사람들이 있어. 고향을 잃어버렸기 때문이야. 이런 분들을 실향민(失鄉民)이라고 해. 잃어버릴 '실(失)' 자와 고향 '향(鄉)' 자를 쓴 거지.

 어떻게 고향을 잃어버렸냐고? 한반도가 남북으로 갈라졌기 때문이야. 처음 전쟁이 났을 때 북쪽에서 내려온 분들은 곧 전쟁이 끝나서 고향인 북쪽으로 갈 수 있을 줄 알았어. 그런데 전쟁이 끝나고 휴전선이 생겨 버린 거야. 그로부터 70년 가까이 지났지만 여태까지 고향 땅을 갈 수 없어.

 그래서 실향민들은 설날 같은 명절이면 북쪽에 가까운 임진각 같은 곳에 모여 함께 차례를 지내. 뉴스에서 본 적이 있을 거야. 이산가족들이 북한에 두고 온 조상님들을 추모하는 망배단에서 함께 차례를 지내거든. 통일전망대 같은 곳에서 북쪽을 바라보고 있는 할머니, 할아버지의 슬픈 모습도 쉽게 찾을 수 있어.

 실향민 이야기를 전해 들은 어느 외국인은 너무나 화가 난다고 얘기했대. 수십 년 동안 가족을 만날 수 없게 내버려 둔 현실은 있을 수 없는 일이라는 거야. 비행기를 타고 10시간이면 미국이나 유럽도 자유롭게 갈 수 있는데……, 자동차로 1시간이면 닿을 수 있는 거리에 살고 있는 가족을 볼 수 없는 현실을 어떻게 이해해야 할까?

실향민들은 이제 다 연세가 많은 할아버지, 할머니 들이야. 한국전쟁이 1950년에 일어났으니까 그때 어린아이였어도 지금은 엄청 나이가 많겠지. 그토록 보고 싶었던 가족을 보지 못하고 돌아가신 분들이 너무나 많아. 이산가족 상봉을 신청한 분들의 반 이상은 슬픔을 안고 돌아가셨어.

2018년 4월 평양에서 남한 예술단 공연이 있었어. 공연을 하다 눈물을 흘린 가수의 이야기를 뉴스에서 본 적이 있어. 강산에라는 가수야. 강산에 씨는 북녘 고향에 못 가는 부모님의 슬픈 마음을 담은 〈…라구요〉라는 노래를 불렀어. 공연 중 강산에 씨의 눈시울이 붉어졌고 이를 바라보던 관객들도 함께 눈물을 흘렸대.

실향민이 고향을 찾고 가족을 만나야 한다는 데 반대할 사람이 누가 있을까? 너무나 간단하고 당연한 문제인데 아직 해결되지 못해 너무 안타까워. 하루빨리 남과 북 사이에 왕래가 자유로워지면 좋겠어. 할아버지, 할머니 들이 가족을 만나 조금이라도 기쁨을 느끼게 되면 좋겠어. 더 늦기 전에.

6. 이산가족은 얼마나 많나요?

가족이나 친구를 보고 싶어도 볼 수 없는 건 슬픈 일이야. 그런데 우리나라에는 그런 사람이 무려 1000만 명이 넘어. 우리나라 전체 인구가 약 5000만 명, 북한을 포함해도 7000~8000만여 명인 것을 생각하면 엄청나게 많은 숫자지. 어떻게 된 일이냐고? 그건 앞에서 이야기한 것처럼 한국전쟁으로 약 1000만 명의 이산가족이 생겼기 때문이야.

1983년에는 헤어진 가족과 친구를 찾기 위해 '이산가족 찾기' 방송을 했어. 남한 내에도 이산가족이 엄청 많았다는 얘기지. 한국방송공사(KBS)의 '이산 가족을 찾습니다'라는 생방송 프로그램이었어.

생방송 과정에서 참 많은 일이 있었어. 접수하러 왔다가 공개홀에서 가족을 찾은 사람이 있었는가 하면, 가족과 이름이 같은 다른 사람을 만났다가 세 번이나 실망하고 결국은 가족

여의도 광장에 설치된 이산가족 벽보판(1983년 7월).

을 못 만난 사례도 있었어. 1983년 6월 30일 밤에 시작된 이산가족 찾기 방송은 이후에도 계속되어 그해 11월 14일까지 138일간 총 453시간 45분 동안 방송되었어. 이산가족 신청 사연은 총 10만 952건이나 프로그램에 접수되었고 이 중 1만 180여 이산가족이 가족을 되찾았어.

사실 처음에는 이 방송을 2시간 분량으로 계획을 했대. 그런데 이산가족을 찾으려는 사람이 너무 많아 방송을 그만둘 수가 없었던 거지. 방송이 나가는 동안 모두들 이산가족의 만남을 자기 일처럼 생각하며 함께 울고 웃었다고 해.

그때 사람을 찾겠다는 벽보와 안내판이 방송국 주변을 꽉 채웠지. 여의도 KBS 방송국은 이산가족의 벽보판으로 변했고 그것도 모자라 여의도 광장의 아스팔트 바닥에까지 벽보가 깔렸어. 하루에 수십만 명의 사람이 몰려들었어. 한국전쟁이 남긴 상처가 얼마나 큰지 짐작할 수 있지. 그곳은 그대로 역사의 현장이 되었어. 전 세계에서도 우리나라 상황을 취재하고 자기 나라에 소식을 전했어.

당시 이 프로그램은 최고 시청률이 무려 78퍼센트나 되었어. 전 국민이 모두 TV 앞에 모여서 눈물을 흘렸다고 해. 그만큼 이 방송에는 사람들의 가슴을 뭉클하게 하는 감동이 서려 있었던 거야.

7. 북한을 떠나 남한에 온 북한 친구들과 어떻게 지내야 하나요?

버스나 지하철에서 나와 피부색이 다른 사람을 본 적이 있니? 놀이공원에 갔을 때 나랑 비슷하게 생겼는데 중국말이나 일본말을 하는 사람들을 본 적이 있지? TV에서 다른 나라에서 우리나라로 와서 결혼하고 아이를 키우는 사람들의 이야기를 본 적도 있을 거야.

학교나 학원에서 영어를 가르쳐 주는 원어민 선생님도 만날 수 있고, 돈을 벌기 위해 일하러 온 이주 노동자도 어렵지 않게 볼 수 있어. 교통과 통신이 발달하다 보니 사람들이 서로 오갈 기회가 점점 많아지면서 생긴 모습이야. 생김새와 생각이 다른 사람들이 어울려 사는 사회가 된 거야.

북한을 떠나 남한에서 살게 된 사람도 많아. 북한의 식량난이 아주 심했던 1990년대 말부터 북한을 떠나는 사람이 많이 늘어났어. 2019년 코로나19 감염병이 발생하고 난 이후 북한이 국

경 지역을 보다 철저하게 통제하면서는 많이 줄어들었어. 현재 남한에서 사는 북한 출신 사람은 3만 명이 넘어. 자신이 경험한 북한 이야기를 들려주는 TV 방송도 본 적이 있을 거야.

이제는 우리 교실에서도 새롭게 한국 사회에서 살게 된 북한 친구들을 만날 수 있잖아. 서로 살아온 환경이 달라 사고방식이나 행동이 다른 친구들과 어떻게 지내야 할까? 먼저 따뜻한 관심이 필요해. 이때 조심할 게 있어. '나보다 힘든 친구니까 내가 베풀어 준다'고 생각하면 정말 곤란해.

친구의 입장에서 생각해 보는 연습도 필요해. 친구를 위한다고 한 말이 친구에게 상처가 될 수도 있거든. 말을 꺼내기 전에 그 말을 들은 친구의 기분이 어떨지 한번 더 생각해 본다면 좋을 거 같아. 말투가 좀 다르다고 놀리거나 비웃는 건 친구를 너무 속상하게 하는 일이야. 남한 내에서도 지역에 따라 다양한 사투리가 있지? 북한 말이 우리와 좀 다르지만 지역이 달라 생긴 사투리쯤으로 여기고 대하면 어떨까?

통일이 되면 지금보다 더 좋은 나라가 될 수 있을 거라고 믿어. 하지만 준비를 제대로 하지 않으면 통일이 우리 모두를 더 힘들게 할 수도 있어. 지금 북한에서 온 친구들과 잘 사귀는 것은 어쩌면 통일 이후에 생길 수 있는 많은 어려움을 헤쳐 나갈 수 있게 도와주는 예방 주사와도 같아.

8. 전쟁은 사람들에게 어떤 상처를 남겼나요?

1948년에 대한민국과 조선민주주의인민공화국이라는 두 나라가 세워졌을 때만 해도 남한과 북한 사람들의 마음속에 서로를 미워하는 감정이 많지 않았어. 서로 미워해서 나눠진 것이 아니고 어쩌다 보니 헤어져 살게 되었거든.

1953년 한국전쟁이 끝나고 나서 사람들의 마음속에는 서로에 대한 미움이 깊게 자리 잡았어. 서로 총을 겨누고 싸움을 한 후 둘의 사이가 어떻게 되었을지는 뻔하잖아. 싸움을 멈추자는 약속을 하기는 했지만, 서로 화해를 한 것은 아니었거든. 남과 북에 있는 사람들은 이제 서로를 적으로 생각하며 살게 되었어. 서로 마주하고 쳐다보기만 해도 전쟁의 악몽이 떠오른 거야. 이젠 정말 서로가 미워지게 되었지. 결국, 전쟁은 남과 북이 지금까지 분단되어 살아가게 되는 결정적인 역할을 한 셈이야.

전쟁이 언제든지 다시 일어날 수 있다는 불안을 갖고 살 수밖에 없었어. 남한과 북한이 다시 전쟁을 벌이게 되면 한국전쟁 때 참가했던 미국이나 중국과 같은 나라들도 참전할 수 있어.

한국전쟁은 사람들 모두에게 너무 큰 상처를 남겼어. 한 할아버지의 이야기를 들려줄게.

작은 병원의 원장님이신 이 할아버지는 전쟁이 일어났을 때 학도병(학도의용군)으로 국군에 입대하셨대. 학도병은 학생 신분으로 나라를 사랑하는 마음에서 스스로 군인이 되겠다고 나선 사람들을 부르는 이름이야. 할아버지는 굳이 군대에 가지 않아도 되는 신분이었어. 하지만 나라를 생각하는 마음 하나로 군대에 지원하신 거지.

하지만 제대로 군사훈련을 받지 못했던 할아버지는 전쟁 초기에 북한군에 잡혀 포로가 되었대. 전쟁이 끝날 때까지 3년 정도 북에서 포로 생활을 한 거지. 정전협정 이후 다행히 할아버지는 다른 포로들과 함께 남쪽으로 돌아올 수 있었어. 그런데 정말 황당한 일이 벌어지고 말아. 할아버지는 바로 집으로 돌아갈 수 없었어. 자신을 간절히 기다리고 계신 부모님 곁으로 돌아가지 못하고 북한군 포로들이 생활했던 거제도라는 섬으로 들어가게 된 거야. 왜 할아버지를 수용소로 데리고 갔을까? 그건 할아버지와 같은 포로들이 북한에 오랫동안 머물면서 북한의 사상이나 이념에 물들지 않았을까 하는 우리 정부의 의심 때문이었어.

할아버지의 마음이 어땠을까? 할아버지는 나라를 위해 싸우다 포로가 되어 힘든 생활을 이겨 내고 돌아왔는데 환영은커녕 의심받는 처지가 되고 보니 너무 실망이 컸대. 함께 있던 사람 중에는 스스로 목숨을 끊은 사람이 있을 정도였대. 자신이 공산주의자로 낙인찍힐지 모른다는 두려움과 사랑했던 나라로부터 배신당했다는 슬픔을 이기지 못했던 거야.

우리 정부는 '포로 속에 혹시 간첩이 숨어 있으면 어떻게 하나?' 하는 걱정을 했었나 봐. 하지만, 그런 의심 때문에 아무 죄 없는 사람들이 범죄자 취급을 받은 것은 좀 이해하기 어려워.

3
오랜 분단은 어떤 결과를 낳았나요?

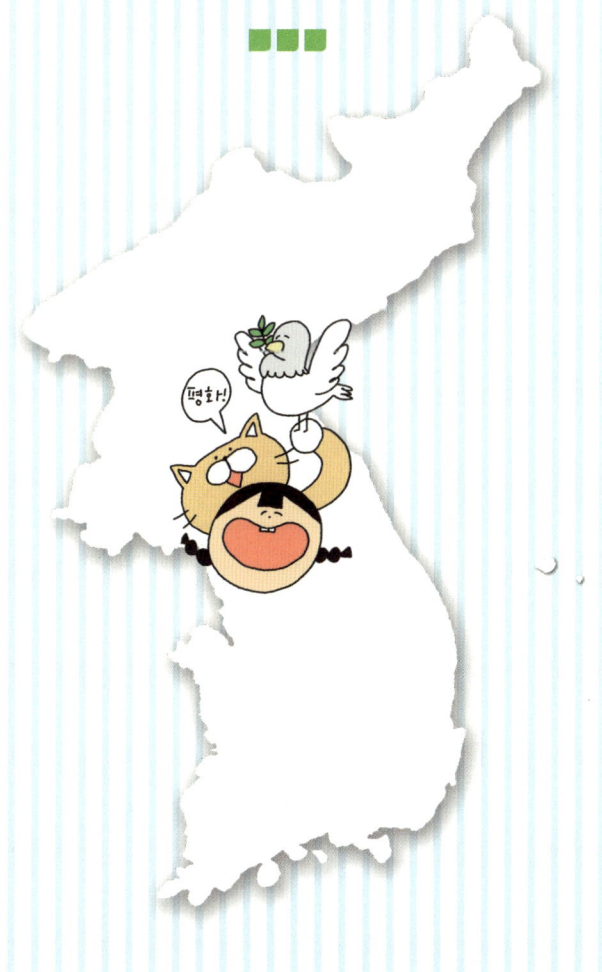

1. 남한과 북한은 왜 큰 군대를 유지하고 있나요?

세계 대부분의 나라는 자기 국민을 보호하기 위해 군대를 갖고 있어. 우리나라 헌법에도 국민의 기본 의무 4가지 중에 국방의 의무가 있는 거 알고 있지? 나라와 나라 사이가 항상 평화롭다면 국방의 의무는 필요 없겠지만 현실은 그러지 못해. 대한민국 국민은 누구나 세금을 내야 하고 건강한 남자는 스무 살이 넘으면 군대에 가야 해.

그런데 모든 나라에서 남자라면 누구나 군대에 가야 하는 걸까? 국민 모두에게 나라를 지킬 의무를 부여하는 제도를 징병제라고 해. 우리나라도 징병제를 택하고 있어. 징병제를 선택한 다른 나라는 북한, 베트남, 이스라엘 등 60여 개 정도야.

군 복무를 할 사람을 모집해서 군대를 유지하는 나라도 있어. 이런 나라에서는 군인들이 직장 생활처럼 군 생활을 해. 이런 방식을 모병제라고 하는데, 미국, 영국, 프랑스 등 120여 개 나라가 모병제를 채택하고 있어. 이외에 군대가 아예 없는 나라도 있어.

　오늘날 많은 나라에서 징병제를 모병제로 바꾸고 있어. 유럽연합(EU)에 소속된 국가 대부분이 1990년대 들어 모병제로 바꾸었어. 동유럽 국가들 역시 2000년대 이후 모병제를 받아들였어. 징병제를 채택하고 있는 나라는 일부 사회주의 국가와 주변국과 분쟁이 많은 국가들이야.

　징병제를 실시하는 나라에서도 남한이나 북한처럼 이렇게 많은 사람이 군대에 머물고 있지는 않아. 예를 들어 중국의 모든 청년이 우

리나라처럼 군대에 간다면 어떤 일이 벌어지겠니? 당연히 그만큼 큰 군대를 유지할 필요가 없겠지? 우리나라는 그렇게 큰 나라는 아니야. 인구수도 다른 나라에 비해 많은 편이 못 되고. 하지만, 2020년 기준 『국방백서』에 따르면 북한의 군인 수는 128만 명으로 세계에서 다섯 손가락 안에 들어. 남한도 55만여 명으로 열 손가락 안에 들고. 남한과 북한의 군인을 합하면 군인이 약 200만 명인 중국 다음으로 세계 2위야.

우리나라는 왜 이렇게 많은 군대를 유지해야만 할까? 한국전쟁이 끝나고 나서 세계는 미국과 소련을 중심으로 나뉘어서 경쟁해 왔어. 미국과 가까웠던 남한, 소련과 가까웠던 북한도 자연스럽게 경쟁과 대립을 하게 되었어. 미국과 소련은 모든 분야에서 경쟁해 왔는데 특히 군사 분야의 경쟁이 치열했어. 자신을 지켜야 한다는 명분으로 새로운 무기를 개발하고 늘려 온 거야.

남한과 북한도 서로를 믿지 못했기 때문에 막대한 세금을 들여서 군대를 유지하고 무기를 사들여야만 했던 거지. 이젠 더 이상 무기나 군인 수로 남과 북이 서로를 비교하고 경쟁하는 일은 없었으면 좋겠어.

2. 핵무기는 다른 무기와 어떻게 다른가요?

핵무기 때문에 제2차 세계 대전을 일으켰던 일본이 무조건 항복을 했어. 그만큼 핵무기의 위력이 컸다는 얘기겠지?

이런 핵무기가 한국전쟁 당시에 사용될 뻔했어. 미국은 핵무기 사용을 여러 차례 고민했대. 다행히 미국과 소련 사이의 전쟁으로 확대되는 것을 원하지 않았던 미국은 핵무기 사용을 포기했대. 당시에 소련도 핵무기를 가지고 있었거든. 생각하기도 싫은 끔찍한 일이야.

모든 무기는 사람을 죽거나 다치게 하기 때문에 결코 좋은 것이라고 할 수 없어. 총이나 칼과 같은 재래식 무기들은 전쟁에 참가한 사람들을 가해자이자 피해자로 만드는 경우가 많아. 국제법에서는 학교나 병원에 대한 폭격을 금지하고 있어. 하지만 핵무기는 이런 사정을 고려하지 않아. 하나의 큰 도시에 살고 있는 모든 존재를 순식간에 사라져 버리게 할 수 있어. 전쟁을 일으킨 사람들은 따로 있는데 아무 죄 없는 사람과 동물 들이 끔찍한 피해를 입게 돼.

핵무기 사용에 대한 두려움은 지금도 계속되고 있어. 2017년에는 북한이 핵무기를 개발하고 미국에까지 다다를 수 있는 미사일을 개

북한의 미사일 시험 발사 모습(2022년 1월).

발했다고 전해졌어. 이를 계기로 북한과 미국 사이에 전쟁이 일어날 것만 같은 분위기가 형성되기도 했어. 다행히 북한과 미국, 그리고 남한의 지도자들이 만나서 대화를 통해 핵무기를 없애기로 약속했어.

    2018년 4월에는 판문점에서 문재인 대통령과 김정은 북한 국무위원장이 만나 한반도에서 완전한 비핵화를 이루자고 약속했어. 9월에는 평양에서 다시 만나 북한 지역에서 핵 시설 폐기와 같은 구체적인 약속을 하기도 했지. 약속을 실천하는 과정은 쉽지 않겠지만 약속이 잘 지켜져서 한반도에서, 그리고 다른 어느 곳에서도 더 이상 핵무기가 사용되는 일은 없었으면 좋겠어.

3. DMZ는 어떤 곳인가요?

DMZ는 비무장 지대, 그러니까 무장이 안 된 지역이라는 뜻이야. 그런데 남북 모두 비무장 지대에 감시 초소를 설치하고 무기를 배치한 후 서로를 감시해 왔어. 이름과는 정반대의 모습을 띠고 있었던 거야. 2018년 남북 정상 회담 이후 감시 초소를 일부 철거하기도 했지만 남북 관계가 다시 나빠지면서 철거가 중단된 상태야.

비무장 지대는 한국전쟁 이후 남북이 다시 싸우는 것을 막기 위해 마련한 공간이야. 남북이 각각 휴전선을 기준으로 2킬로미터씩 후퇴해 만들었어. 계획대로라면 남북이 마주 보는 사이에 있는 총 4킬로미터 구역이 DMZ인 거야. 하지만 이것도 잘 지켜지지 않았어. 시간이 흐르면서 북한은 남으로, 남한은 북으로 조금씩 경계를 좁혀 나간 거야. 무기를 든 군인들이 점점 가까워지면 그만큼 전쟁의 위험도 커질 것은 불을 보듯 뻔해.

판문점도 비무장 지대 안에 있어. 문재인 대통령과 김정은 국무위원장이 정상 회담을 해서 더 유명해진 곳 말이야. 판문점의 또 다른 이름은 공동경비구역(JSA)이야. 오래전 같은 이름의 영화가 개봉되기도 했어. 판문점에 가 보면 간이 건물처럼 보이는 낮은 건물이 있어. 그 건물 사이로 남한 병사와 북한 병사가 서로 마주 보며 서 있어. 남한과 북한에 관광을 오는 외국인들은 판문점을 가 보고 싶어 해. 같은 민족이면서 한 나라로 살던 사람들이 서로 선을 그어 놓고 총구를 마주하고 있는 모습이 그들에겐 신기한 일이니까. 우리에게는 슬픈 일이고.

앞으로 비무장 지대는 우리에게 어떤 곳이 될까? 원하지 않게 수십 년 동안 사람들의 출입이 금지되면서 비무장 지대는 세계에서 찾아보기 힘든 생태계의 천국이라고 평가받고 있어. 전쟁으로 망가졌던 자연이 사람들의 발길이 멀어지면서 스스로의 힘으로 다시 살아났어. 시베리아에서 두루미가, 몽골에서 독수리가 떼를 지어 이곳으로 오기도 해. 멸종된 줄로만 알았던 산양 떼도 살고. 그래서 비무장 지대를 세계적인 생태 공원으로 만들자는 노력이 이어지고 있어. 전쟁의 역사를 기억하는 체험 장소이기도 하고. 마치 살아있는 박물관처럼. 이렇게 되면 한국을 찾는 관광객도 많이 늘어나게 될 거야. 위험해서 누구도 함부로 들어갈 수 없었던 곳, 그래서 버려진 땅으로 외면 받았던 곳이 이젠 많은 사람이 즐겨 찾는 관광지로 바뀌게 될 수도 있어. 우리가 그렇게 만들어야겠지?

4. '종북'·'빨갱이'라는 말은 무슨 뜻인가요?

인터넷이나 SNS에서 종북, 빨갱이, 멸공이라는 말을 볼 수 있어. 특히 북한이나 남북 관계에 관한 뉴스 댓글에 자주 등장해. 종북이라는 말은 '북한을 따른다'는 뜻을 담고 있어. 빨갱이 역시 북한을 찬양하는 사람이라는 뜻으로 사용해. 둘 다 남한과 북한이 서로 경쟁하고 싸우는 마당에 남한에 사는 사람이 북한의 편을 든다는 의미야. 누군가를 지목해서 '너는 우리 편이 아니라 북한 편이잖아!' 하고 말하는 것과 같아. 우리 공동체에서 '너를 제외시켜 버리겠다'는 의미가 있어. 이런 말을 듣는 사람의 기분은 어떨까?

'반공 웅변대회'라는 말을 들어 본 적 있니? 엄마, 아빠가 사십 대 이상이라면 이런 대회를 경험해 본 적이 있을 거야. 말 그대로 '공산주의를 내세우는 북한을 반대하는 말하기 대회'였어. 왜 이런 대회를 했을까?

가장 큰 이유는 끔찍한 전쟁을 치르고 난 다음 사람들 마음속에 서로를 미워하는 마음이 너무나 컸기 때문이야. 전쟁을 겪은 어른들의 입장에서는 그랬을 수도 있을 거야. 전쟁의 상대였던 북한은 생각

반공 만화 영화 〈똘이장군〉의 포스터.
북한 사람들을 과장해서 표현했다.

하기도 싫은 끔찍한 상대임에 틀림없었을 거야. 어른들은 우리에게 친구들과 싸우지 말고 사이좋게 지내라고 하잖아. 그런데 이런 대회는 서로를 이해하고 화해하기보다는 무조건 미워하고 반대할 것을 강요해. 멸공은 북한과 북한 사람들을 모조리 사라지게 만들어야 한다는 말이야. 누군가를 없애 버려야 한다고 말하는 거지.

　상대방을 미워하는 교육은 남한에서만 이뤄진 것은 아니야. 북한에서도 남한 사회를 안 좋게 이야기하는 것을 당연하게 여겼어. 이렇게 서로를 미워하는 마음이 오랫동안 계속되면서 여러 가지 문제도 생겼어. 예를 들면 반공 웅변대회에서 북한 사람들의 생활 모습을 지나치게 과장하거나 왜곡하기도 했어. 북한 사람들의 생활을 다룬 만화에서는 북한의 지도자를 욕심 많은 돼지로 그리고, 당의 간부나 관리자 들을 늑대나 승냥이, 주민들은 병들고 마른 사람으로 그린 거야.

　이런 만화를 보고 자란 세대들은 어떤 생각을 하게 되었을까? 할아버지, 할머니 들께서 겪었던 전쟁을 우리 부모님들은 겪지 않았지만, 간접적으로 전쟁을 겪은 셈이나 다름이 없게 되어 버린 거야. 이런 교육을 받고 자란 사람들은 상대방을 편견을 갖고 보기 쉬워.

　이젠 서로 편 가르고 미워하지 않았으면 좋겠어. 상대방을 제대로 바라보지 못하면 모두에게 손해야. 남북 갈등뿐만 아니라 우리 사회 안의 갈등도 그만큼 커지게 돼. 그 갈등의 피해는 고스란히 우리 모두에게 되돌아오게 돼. 이제부터 말 한마디를 하더라도 조금 더 신중하고 지혜롭게 했으면 좋겠어.

5. 종전선언과 평화협정은 무엇인가요?

앞에서 정전협정에 대해 이야기한 것 기억나니? 잠시 전쟁을 중지한다고 약속을 해 놓고 70년의 시간이 흐른 거야. 정전협정은 전쟁을 멈추게 했다는 점에서 중요한 의미가 있어. 하지만 그것만으로는 불완전해. 어느 한쪽에서 전쟁을 일으키겠다는 마음을 먹으면 전쟁은 다시 시작될 수 있으니까. 그동안 우리나라는 언제 다시 전쟁이 일어날지 모르는 두려움을 느끼고 살 수밖에 없는 불안한 평화 상태에 있었어. 좀 더 평화로운 상태를 만들려면 어떻게 해야 할까? 바로 종전선언과 평화협정 등의 과정이 필요해.

종전(終戰)선언은 전쟁에 참여한 당사자들이 모여서 이제 전쟁이 완전히 끝났음을 약속하는 것을 말해. 여기에는 남한과 북한이 휴전선에서 군사적으로 대결하는 것을 더 이상 하지 않겠다는 약속이 포함돼. 그렇게 되면 지나치게 많은 무기와 병력을 휴전선 근처에 배치해 놓고 전쟁을 대비할 필요가 줄어들게 되겠지. 뿐만 아니라 한국전쟁의 당사자였던 미국, 중국도 북한과 남한을 더 이상 적으로 바라보고 공격하지 않겠다는 의미가 담겨 있어. 종전선언을 한다는 것은 전쟁이 일어날 가능성이 매우 적어진다는 뜻이야. 다행히 유럽과 미국 등 여러 나라 의회에서 한국의 종전선언 제안을 지지한다는 성명이 발표되고 있어.

종전선언은 전쟁을 완전히 끝냈다는 정치적 선언이야. 그렇지만 이 선언에는 남한과 북한, 미국과 중국 등의 관련 국가들이 앞으로 어떤 새로운 관계를 만들어 가겠다는 약속이 담겨 있지 않아. 그래서 필요한 것이 평화협정이야. 남한과 북한, 북한과 미국은 수십 년 동안 서로를 적대국으로 대하면서 정상적인 교류를 하지 못했어. 서로 싸웠던 친구들이 싸우지 않기로 약속한 것에서 한발 더 나가서 사이좋게 지내기 위한 구체적인 방법을 정할 필요가 있어. 아마도 법이나 제도를 새롭게 만들어야 할 거야.

북한과 미국의 관계를 놓고 본다면 평화협정을 통해 눈에 띄는 변화가 나타날 수 있어. 평화협정은 협정을 맺은 상대방을 공식적으로 인정한다는 의미가 담겨 있어. 예를 들면 북한의 평양에 미국 대사관이, 미국의 워싱턴에 북한 대사관이 생기는 걸 의미해. 상대 국가에 대사관이 생긴다는 것은 국가와 국가 사이에 정상적인 관계가 만들어진다는 뜻이야. 정치적으로 긴밀한 의논이 가능해지고 경제적으로 무역이 증가하고 사회문화적인 교류가 활발해질 거야. 이처럼 서로에게 도움 되는 관계가 돈독해지면 자연스럽게 전쟁이 일어날 가능성은 줄어들게 돼.

　종전선언에 이어 평화협정이 맺어진다면 남북한에는 어떤 일들이 벌어질까? 먼저 남한과 북한을 찾는 관광객이 부쩍 늘 것 같아. 아직까지도 우리나라는 전쟁 가능성이 있는 위험한 나라로 알려져서 많은 외국인이 여행을 꺼리고 있거든. 외국인들의 경제 투자도 활발해질 거야. 특히 북한 지역 투자를 통해 이익을 얻으려는 외국 기업이 많아질 거야. 남한과 북한 사람들이 자유롭게 왕래할 수 있게 될 거야. 이제까지 가 볼 수 없었던 북한 지역도 다닐 수 있게 되고 북한을 지나 중국이나 러시아로 여행가는 것도 가능해질 거야. 이산가족 할아버지, 할머니 들도 가족을 만날 수 있겠지? 그날이 빨리 왔으면 좋겠어.

4
남북한은 통일을 위해 어떤 노력을 했나요?

1. 김구 선생님은 왜 남한 단독 정부 수립에 반대했나요?

1945년 8월 15일, 독립을 맞은 우리나라는 미국과 소련의 결정으로 38도선을 기준으로 남과 북으로 갈라졌어. 김구 선생님을 비롯해 김규식, 여운형 등 독립운동가들은 통일된 나라를 세우기 위해 노력했어. 한반도에 새로운 나라를 어떻게 세우느냐를 두고 많은 이야기가 있었지만 뾰족한 결론이 나오지 않았어. 이런 상황에서 남쪽만이라도 정부를 세우고 38선 북쪽에서 소련이 물러나게 해야 한다는 주장도 나왔어. 북쪽에서도 따로 정부를 세우려 했어.

남북이 분단될 위기에 처하자, 1948년 김구 선생님은 통일 정부 수립을 위해 북측에 회의를 제안했어. 하지만 미군정과 분단된 채 남한에 단독 정부를 세우려는 사람들은 이 회의를 반대했어. 김구 선생님은 많은 사람들의 반대를 무릅쓰고, 3천만 동포에게 눈물로 호소했어.

한국이 있어야 한국 사람이 있고, 한국 사람이 있고야 민주주의도, 공산주의도, 무슨 단체도 존재할 수 있는 것이다. 자주 독립적 통일 정부를 수립하려는 이때 어찌 개인이나 집단의 사리사욕을 탐하여 국가 민족의 백년대계를 그르칠 수 있으랴? 나는 통일된 조국을 건설하려다가 38도선을 베고 쓰러질지언정 일신에 구차한 안일을 취하여 단독 정부를 세우는 데는 협력하지 아니하겠다!

김구와 김규식 선생님 등 분단을 막으려는 남측 대표자들은 1948년 4월, 어렵게 북으로 가서 주요 정치 단체 지도자들과 남북 협상을 했어. 남북 협상에서 양측 지도자들은 단독 정부 수립 반대, 미군과 소련군의 철수를 요구하는 내용을 담은 공동 선언문을 발표했어. 하지만 남과 북에서 각각 단독 정부를 수립하는 절차가 진행되면서 남북 협상은 결국 실패로 끝이 났어. 1949년 6월에는 경교장(지금의 서울 중구 평동 강북삼성병원 내 위치)에 머물던 김구 선생님이 육군 장교 안두희가 쏜 총탄에 숨을 거두셨어. 통일된 조국을 꿈꾸었던 김구 선생님이 돌아가시고 다음 해 1950년 6월에는 전쟁이 일어나 한반도에서는 헤아릴 수 없이 많은 사람이 죽거나 다치면서 우리 민족에게 큰 상처를 남겼어.

2. '햇볕 정책'이 무슨 뜻인가요?

　한국전쟁 이후 남과 북은 적대적으로 대결하고 경쟁해 왔어. 하지만 시간이 지나면서 점차 남북 사이에 변화가 생겼어. 무엇보다 우리 사회에서 북한을 대하는 방식이 달라진 거야.
　이솝 이야기 중에 유명한 해님과 바람 이야기를 떠올려 봐. 해님과 바람이 지나가는 나그네의 외투를 누가 벗길 수 있는지 내기를 했잖아. 사실 바람은 자신이 있었어. 바람을 강하게 불면 나그네의 외투를 날려 버릴 수 있다고 생각했어. 그런데 이게 왠일이야. 바람이 강해지면 강해질수록 나그네는 옷깃을 여미면서 외투를 꼭 부여잡았어. 해님은 바람처럼 나그네를 거칠게 다루지 않았어. 도리어 따뜻하게 나그네에게 햇볕을 비췄어. 바람은 자신처럼 하지 않는 해님이 어리석다고 생각했어. 하지만 나그네는 따뜻한 햇볕 때문에 자연스럽게 외투를 벗었어.
　이 이야기는 남과 북이 어떻게 만나 왔는지 살펴볼 수 있게 해 줘. 한국전쟁 이후 우리나라는 바람처럼 북한과 맞서 싸우면서 강하게 여러 가지 정책을 써 왔어. 하지만 북한을 우리 뜻대로 변화시킬 수 없었어. 힘만으로는 나그네의 외투를 벗길 수 없는 것과 같아. 북한에 강한 정책을 펼치는 것보다는 오히려 따뜻한 햇볕처럼 북한이 자연스럽게 변화할 수 있게 도와주는 지혜가 필요했어.

바로 이런 생각으로 만든 것이 '햇볕 정책'이야. '햇볕 정책'이란 말은 김대중 전 대통령이 1998년 4월, 영국을 방문했을 때 런던대학교에서 행한 연설에서 처음 사용했어. 나그네의 외투를 벗게 만드는 것은 강한 바람이 아니라, 따뜻한 햇볕이라는 이솝 우화에서 따온 말이야. 북한이 개혁과 개방의 길로 나올 수 있도록 남북 기본 합의서에 따라 협력과 화해의 햇볕 정책을 적극 추진하면서 예전과는 달리 남과 북 사이가 한층 좋아졌어.

사실 햇볕 정책이 나오기 전부터 남과 북은 통일을 이야기해 왔어. 그리 크지 않은 땅덩어리 속에서 남북으로 갈라져 살아간다는 것이 얼마나 힘든 일인가를 서로가 잘 알고 있었기 때문이야. 1970년대에도 남과 북의 정부가 합의한 약속이 만들어지기도 했어. 하지만, 그러한 약속은 서로에 대한 믿음이 부족했던 탓인지 잘 지켜지지 않고 문서로만 남아 많은 사람을 안타깝게 만들었어. 가까워질 듯 말 듯 멀게만 느껴지던 시절이었지.

그런데 햇볕 정책 덕분에 2000년에는 드디어 제1차 남북 정상 회담이 열렸어. 김대중 대통령과 김정일 국방위원장이 만났던 이 회담은 온 세상을 떠들썩하게 할 정도로 세계적인 뉴스가 되었어. 이 회담의

결과로 수많은 이산가족이 가족을 다시 만날 수 있게 되었어. 휴전선 철책을 헐고 경의선과 동해선 기찻길이 이어졌어. 개성에 함께 공장을 만들어 경제적으로 도움을 주고받았어. 남과 북을 오가는 사람의 수도 이전과 달리 많이 늘어났어. 정상 회담을 성공적으로 이끌고 남과 북의 평화를 앞당긴 공을 인정받아 김대중 대통령은 우리나라 최초로 노벨 평화상을 받았어.

3. 올림픽에서 남북이 하나 되어 입장한 적이 있다고요?

올림픽은 전 세계 사람들의 잔치야. 사실 올림픽 기간에는 전쟁도 멈추고 세계 사람들이 평화롭게 지내보자는 뜻이 있거든. 그런 뜻을 남과 북이 힘을 모아 널리 알린 일이 있었어.

2018년 우리나라에서 열린 평창 동계 올림픽은 전 세계의 주목을 받았어. 당시 북핵 위기가 커져 가면서 남북 관계뿐만 아니라 동아시아에는 긴장감이 감돌았거든. 심지어 올림픽에 북한이 참여하지 않을 것이라는 예측도 있었어.

하지만 극적으로 북한의 올림픽 참여가 결정되었어. 개막식 때에는 남북한 선수들이 한반도기를 들고 손을 맞잡고 함께 입장하자 경기장의 사람들이 모두 일어나 선수단을 향해 큰 박수를 건넸어. 전 세계 주요 방송국에서도 이 소식을 전했어. 분단국가로 남과 북이 갈라진 상황에서 올림픽을 통해 한반도와 동아시아의 평화를 만들어 가는 새로운 계기가 되었기 때문이야.

사실 남북의 공동 입장은 이번이 처음이 아니었어. 2000년 시드니 올림픽을 시작으로 2002년 부산 아시안게임, 2003년 아오모리 동계 아시안게임과 대구 하계 유니버시아드대회, 2004년 아테네올림픽, 2005년 마카오 동아시안 경기, 2006년 토리노 동계 올림픽과 도하 아시안게임 등 여러 국제 대회의 개·폐회식에서 남북 동시 입장이 이뤄져 왔거든.

  2000년 오스트레일리아의 시드니 올림픽 개막식에서 우리나라는 북한과 함께 '코리아'란 이름으로 처음 공동 입장을 했어. 태극기도 아니고 인공기도 아닌, '한반도기'를 들고 180명의 남북한 선수들이 경기장에 들어왔어. 경기장에는 〈아리랑〉이 배경음악으로 흘러나왔어. 개막식을 중계하는 아나운서는 "남북한이 하나가 되어 행진한다."고 알렸어.

사실 한국과 북한은 영어로 모두 Korea를 써. 다만 우리나라는 Korea 앞에 남쪽을 뜻하는 South를, 북한은 북쪽을 뜻하는 North를 쓰지. 그래서 외국 사람들이 한국에서 왔다고 하면 남쪽이냐 북쪽이냐고 물어.

이날 관중석에서는 큰 박수가 울려 퍼졌어. 한 명, 두 명, 세 명, 그리고 어느새 10만여 명의 관중 모두가 일어나서 박수를 쳤어. 세계의 언론사들은 남북한이 '올림픽 정신'을 아름답게 실천한 행진이었다고 전했어. 그때 아쉬웠던 것은 남과 북이 팀을 하나로 만들지 못하고 입장만 함께한 것이었어. 공동 입장만 할 것이 아니라 남과 북이 한 팀이 되어 함께하면 더 좋겠어. 이는 올림픽 경기가 끝난 다음에도 마찬가지야. 나아가 운동 경기뿐만 아니라 사회 여러 분야에서 남과 북이 더불어 국제 사회에 참여하면 훨씬 더 좋을 것 같아.

4. 올림픽 시상식에서 남북 선수가 다툰 적이 있나요?

남과 북의 선수들이 경기장에서 대놓고 싸운 적도 있어. 특히 1990년 이전에 남북 대결에 나섰던 선수들은 경기 며칠 전부터 부담감 때문에 잠을 잘 수 없었대. 남과 북이 서로 맞붙는 경기에서는 무조건 이겨야 했기 때문이야.

실제로 남북 경기에서 이기면 영웅이 되지만, 반대로 지면 국민이나 언론의 사나운 눈초리를 받아야 했어. 그래서 경기 때 죽기 살기로 몸싸움을 하는 경우도 있었어. 사실 스포츠 경기에서는 승부도 중요하지만 정정당당하게 자신의 기량을 뽐내는 것이 더 중요한 것인데 말이지.

1978년 방콕 아시안게임 축구 결승 시상식에서는 이상한 모습이 있었어. 남과 북이 결승전에 올라와서 긴장감 있는 승부를 펼친 끝에 결과는 0 대 0 무승부였어. 사이좋게 금메달을 딴 거라 좋아할 일이었는데 황당한 일이 벌어졌어.

남과 북의 주장 선수는 금메달을 받기 위해 시상대 제일 윗자리에 먼저 올라가려고 했어. 당시 남쪽의 주장 김호곤 선수는 북한의 김종민 선수에게 시상대에 먼저 올라가라고 양보했어. 그런데 시상대에 먼저 자리 잡은 김종민 선수가 김호곤 선수에게 자리를 내주지 않았어. 김호곤 선수는 겨우 비집고 올라가 자리를 잡았지만 뒤에서 북한 골키퍼 김광일 선수가 미는 바람에 시상대에서 떨어졌어. 이를 지켜본 다른 나라 사람들은 모두 의아해했지. 남과 북이 함께 금메달을 받으면서도 싸우기 때문이야. 이는 남과 북이 서로를 인정하지 않고 경쟁만 하며 미워하던 시절의 모습이야.

다행히 시상대에 오른 남쪽의 김호곤 선수는 김종민 선수 어깨에 자연스럽게 손을 올리며 "세계 많은 사람들이 다 우리를 보고 있는데 웃으면서 자세나 취해 주자."고 말했어. 조금 뒤 세계 각국의 카메라 기자들이 사진을 찍자 두 선수는 웃음을 보였어. 선수들의 웃음처럼 이후 남과 북은 차츰 가까워지기 시작했어.

시간이 흐르고 또 한 번의 극적인 시상식 장면이 있었어. 바로 1991년 4월 29일 일본에서 열린 제41회 세계탁구선수권대회 여자단체 결승전 시상식이야. 이때 세계 사람들은 깜짝 놀랐어. 세계 탁구의 최강 중국을 상대로 남과 북이 서로 힘을 모아 만든 단일팀인 코리아 팀이 승리를 거뒀기 때문이지. 사실 이 대회 전까지 중국은 9회 연속 우승을 한 상태였어.

시상식에서 한반도를 그린 남북 '단일기'가 오르고, 단일팀 단가인 〈아리랑〉이 연주되자 수많은 응원단은 눈물을 흘리며 감격했어. 남북이 하나가 되면 이보다 더 좋고 큰일도 많이 할 수 있다는 것을 느꼈기 때문이야. 당시 재일 동포들과 함께 남북 공동 응원단이 함께 부른 응원가는 우리들이 배우는 초등학교 음악 교과서에도 실려 있고 많은 사람들이 알고 있는 〈우리의 소원〉이야.

우리의 소원
(작사: 안석주, 작곡: 안병원)

우리의 소원은 통일
꿈에도 소원은 통일
이 정성 다해서 통일
통일을 이루자

이 겨레 살리는 통일
이 나라 찾는데 통일
통일이여 어서 오라
통일이여 오라

5. 사이가 좋지 않은 남과 북이 어떻게 친구가 될 수 있을까요?

남과 북이 부딪히는 문제들을 대화를 통해 해결하려는 여러 노력이 있었어.

우선 정부 차원의 만남이 있었어. 2007년에는 1년 동안 무려 55회나 회담이 열렸고 그에 따른 각종 합의서도 39건이나 성사되었어.

물론 남북 사이가 나빠지면서 만남 자체가 이뤄지지 않은 경우도 많았어. 정치나 군사적 문제로 자주 중단되곤 했거든. 이런 어려움 속에서도 남북 정상은 2018년에 다시 만나 평화로운 한반도의 미래를 논의하기도 했어. 어린이어깨동무 같은 민간 단체들 역시 평양에 어린이병원을 짓고, 남북 어린이들이 서로 만나고 교류하는 등 대북 지원 활동을 통해 새로운 길을 열기 위해 노력하고 있어.

이 중에서도 평생을 너무나 간절히 기다린 소중한 만남이 있었어. 바로 가족과 생이별해 수십 년을 떨어져 살아야 했던 이산가족들의 만남이지.

이산가족 교류는 1985년에 처음으로 한 차례 있었다가 중단되었는데, 2000년 남북 정상 회담을 계기로 다시 시작되었어. 2000년부터

50년이 훌쩍 넘어
이제야 만났구려.

2015년까지 스무 차례에 걸쳐 직접 상봉이, 2005년부터는 화상 상봉도 진행되었어. 2018년 남북 정상 회담 이후에도 한 차례 상봉 행사가 있었어. 안타깝게도 지속적으로 상봉이 이루어지지는 못했어. 남북 관계가 좋을 때 상봉이 이루어지다가 그렇지 않을 때 중단되고 말았지.

지금은 중지되었지만 1998년 시작된 금강산 관광도 정부 관계자나 정치인이 아닌 보통 사람들이 북한을 자연스럽게 방문할 수 있는 기회를 만들었는데, 2008년 말까지 금강산을 다녀온 남한 사람은 모두 약 200만 명이나 된다고 해. 이것은 우리나라 인구 25명 중 1명이 금강산을 다녀왔다는 얘기가 되니까 얼마나 많은 사람인지 알 수 있지. 2007년 말부터는 개성 관광도 진행되었어.

　지금은 남과 북의 사이가 좋지 않아서 잠시 교류가 중단되었지만 다시 사이가 좋아지면 훨씬 더 행복한 일들이 많이 일어날 수 있을 거야. 만남이 잦아지면 어떤 좋은 점이 있을까?

　지독한 전쟁을 치르고 70여 년 가까이 원수처럼 지낸 남과 북에게 있어 서로를 이해한다는 것은 너무 어려운 일이야. 하지만, 만남이 잦아지면 서로를 알아 갈 수 있어.

　서로 다른 점을 알아 가는 것은 중요해. 왜냐하면 다음에 비슷한 일이 있을 때는 그 차이가 낯설지 않고 상대방을 이해하게 되거든. 이렇게 만남을 이어 가는 과정에서 서로에 대한 믿음이 조금씩 쌓여 갈 거야. 믿음이 쌓이면 그동안 쉽게 하지 못한 이야기도 솔솔 털어놓을 수 있잖아. 힘들 때 도와달라고 이야기할 수도 있고. 함께 힘을 모으면 서로에게 이익이 되는 부분들은 쉽게 결정할 수 있어.

6. 금강산으로 체험학습과 여행을 다녀온 적이 있다고요?

금강산은 옛사람들도 꼭 한 번쯤 찾아가 보고 싶어 한 명소야. 조선 시대 훌륭한 화가인 정선도 금강산을 직접 찾아가 아름다운 모습을 그림(「금강전도」)에 담아 두었어. 더불어 훌륭한 일을 한 사람에게 왕이 선물로 금강산 여행을 보내준 적도 있어.

제주도 여성인 김만덕은 제주도에 큰 흉년이 들었을 때, 자신의 전 재산을 내어 굶주림으로 목숨이 위태로운 제주도 사람들을 도왔어. 이 소식을 들은 정조 임금은 김만덕의 소원을 들어주겠다고 했어. 이때 김만덕은 금강산을 구경하고 싶다는 소원을 말하고 그 뜻을 이뤘어. 그만큼 예나 지금이나 금강산은 많은 사람들이 가 보고 싶은 산이야. 하지만 금강산은 남북 분단으로 인해 가고 싶어도 갈 수 없는 그리운 산이 되었어.

그리워만 했던 금강산으로 가는 길이 열렸어. 금강산 관광을 통해 남한 사람들이 북한을 여행하는 놀라운 일이 생겼기 때문이야. 그 전까지 보통 사람이 북한에 간다는 것은 상상조차 할 수 없는 일이야.

1998년 11월 18일 금강호가 첫 출항을 하면서 역사적인 금강산 관광이 시작되었어. 2003년 2월에는 금강산 육로 관광도 시작되었어. 그런 과정을 거치면서 2005년에는 금강산을 찾은 관광객이 무려 100만 명이 넘는 놀라운 기록이 세워졌어.

금강산 관광은 남북한 주민이 서로를 이해하는 데도 도움이 되었어. 그러면서 자연스럽게 50여 년 동안 남과 북으로 갈라진 분단 속에서 남북한 주민들이 서로에 대해 오해하고 불신했던 것이 풀리고 차이를 이해하게 되었어.

그런데 남북 관계가 나빠지면서 2008년부터 금강산 관광이 중단되었어. 그리운 금강산보다는 우리에게 가까운 금강산이 되었으면 좋겠어. 무엇보다 남과 북이 서로 더 가까워질 수 있는 계기로 금강산이 우리에게 선뜻 다가왔으면 좋겠어. 실제로 체험학습과 교육 여행을 금강산으로 간 학교도 많았는데, 다시 금강산으로 여행을 떠날 수 있으면 좋겠어.

7. 대한민국 해군이 북한 배를 도와준 적이 있다는데 사실인가요?

아프리카 소말리아 해역에는 아직도 해적이 많아. 중요한 바닷길인 소말리아 근처를 지나는 세계 여러 나라 배들은 해적 때문에 큰 어려움을 겪고 있어. 소말리아 부근 해적에게 우리나라 배가 납치되어 선원들이 오랫동안 붙잡히는 일들도 있었어. 그래서 세계 여러 나라와 우리나라는 함께 해적을 물리치기 위해 소말리아 근처 바다로 군대를 보냈어. 해적이 지나가는 배를 못살게 굴거나 납치하는 것을 못 하게 막기 위해서야.

2009년 5월 해적들이 북한 화물선을 공격하고 납치하려고 한 적이 있어. 이때 대한민국 해군이 도움을 요청한 북한 배를 도와주고 해적을 용감하게 쫓아냈어. 유엔해양법협약에도 위기에 처한 배는 나라를 가리지 않고 도와주고 보호해야 한다고 정해 놓았어. 이 일이 있기 전에도 우리나라 해군은 덴마크의 배를 도와줬어. 그런데 북한 배를 도와준 것은 더 큰 의미가 있었어. 남과 북이 서로 힘을 모으면 어려운 일도 훨씬 쉽게 해결할 수 있다는 것을 몸소 깨달았기 때문이야. 이 일은 세계 뉴스에도 소개되었어. 남과 북이 소말리아 바다에서

문무대왕함

평화를 만들어 갔다고 말이야.

　북한 배를 지켜 준 것은 한국 해군 청해부대의 문무대왕함이야. 소말리아 해적에게 쫓기는 북한 배 다박솔호는 청해부대 덕분에 위험에서 벗어났어. 이때 청해부대에서는 한국 해군임을 수차례 밝히고 북한 배에 대한 안전을 보장하겠다고 강조했고 북한 배 역시 고맙다며 한국 해군이 안전구역까지 계속 보호해 달라고 했어.

　청해부대가 해적을 쫓아내고 나서 북한 배와 주고받은 통신이 남아 있어.

- ▶청해부대 : 대한민국 해군입니다. 귀선의 안전을 위해서 130도를 권고합니다.
- ▶다박솔호 : 네, 알았습니다. 130도로 몇 마일 출발하면 되겠습니까?
- ▶청해부대 : 네, 한 시간만 더 항해하면 되겠습니다.
- ▶다박솔호 : 네, 감사합니다. 그냥 우리 더 보호하겠습니까?
- ▶청해부대 : 여기는 대한민국 해군입니다. 귀선의 안전을 보호하도록 하겠습니다. 130도 권고합니다.
- ▶다박솔호 : 네, 알았습니다. 120도.
- ▶청해부대 : 130도입니다.
- ▶다박솔호 : 130도 한 시간 동안 항해하겠습니다. 감사합니다. 좀 잘 지켜 주십시오.

당시 문무대왕함 함장은 인터뷰에서, 위험에 처한 배라면 그것이 어느 나라 선박이든 구했을 거라고 했어. 하지만 동포를 구조한 뿌듯한 마음은, 우리 국민이 느끼는 것과 다르지는 않다고 덧붙였어.

8. 남북 정상은 왜 판문점과 백두산에서 만났나요?

    2017년 4월에는 한반도에 전쟁이 일어날 수 있다는 뉴스가 나왔어. 북핵 위기 이후 남북 관계가 나빠지면서 금융가에서는 일부 외국계 기업들이 긴급하게 한반도 탈출 계획을 가동했다는 소문까지 났었거든. 물론 잘못된 소문이었지만 그만큼 한반도가 위험한 상황이었어.

    이런 상황에서 문재인 대통령은 베를린에서 평화로운 남북 관계를 위해 종전과 한반도 평화협정 체결, 한반도 신경제 구상, 이산가족 상봉과 민간 교류 지원 등을 제시한 한반도 평화 선언을 발표했어. 그리고 한반도의 평화를 위해 평창 동계 올림픽에 북한이 참여해 줄 것을 요청했지. 북한이 요청을 받아들이면서 남북 선수단은 평창에서 공동 입장을 했고, 아이스하키는 남북 단일팀이 만들어지기까지 했어. 더불어 평양에서는 남북 합동 공연이 열렸고, 남한과 북한 사람들이 함께 노래를 불렀어. 이런 노력 덕분에 2018년 4월 27일, 판문점 '평화의 집'에서 역사적인 제3차 남북 정상 회담이 열렸어. 전쟁 위기 상황을 평화롭게 바꿔 낸 거야.

같은 해인 2018년 9월 18일에는 평양에서 정상 회담이 다시 열렸어. 남북 정상은 백두산 천지에 함께 올라 맞잡은 손을 들어 올리며 평화로운 한반도의 미래를 꿈꾸었어. 덕분에 우리나라에서는 평양냉면이 큰 인기를 끌고 평화에 대한 기대가 커졌어. 우리 정부는 북한과 미국이 함께 만날 수 있는 자리를 만들었어.

2018년 6월에는 싱가포르에서 최초로 북미 정상 회담이 열렸어. 2019년 2월에는 하노이에서 2차 북미 정상 회담이 열렸지. 6월에는 판문점에서 우리나라와 북한 그리고 미국 세 나라 정상이 함께 만나는

역사적인 남북미 3국 정상 회담이 열렸어. 당장 한국전쟁이 끝났다는 종전 선언 등은 하지 못했지만 이런 발걸음들이 이어지면서 한반도 평화 시대를 위한 준비가 이뤄지고 있어. 이렇게 한반도의 평화를 만들어 가는 노력이 꾸준히 이어진다면 한반도는 더 이상 위험한 곳이 아니라 세계 평화의 출발점이 될 수 있을 거야.

2018년 9월 남북 정상은 백두산 천지에 함께 올라 맞잡은 손을 들어 올리며 평화로운 한반도의 미래를 꿈꾸었어. 덕분에 평화에 대한 기대가 커졌어.

5
모두가 평화로운 한반도는 어떻게 만들어야 할까요?

1. 분단국가였던 독일은 어떻게 통일을 했나요?

우리나라에 휴전선이 있다면 독일에는 베를린 장벽이 있었어. 베를린 장벽은 1961년 동독에서 서독으로 탈출하는 사람들을 막기 위해 만들었어. 그래도 약 5000여 명의 동독 사람이 다양한 방법으로 장벽을 넘어갔다고 해. 하지만 또 다른 5000여 명은 장벽을 통과하지 못하고 체포되었대. 심지어 191명은 장벽을 넘다가 총살당하기도 했다고 해.

베를린 장벽은 동과 서로 갈라진 독일을 상징적으로 보여 주는 것이었어. 그런데 지금 독일에 가면 베를린 장벽의 원래 모습을 보기가 어려워. 왜냐면 1989년 11월 사람들이 베를린 장벽을 무너뜨렸기 때문이야. 베를린 장벽은 이제 평화의 상징이 되었고, 그것이 세워졌던 자리는 세계 여러 나라 사람들이 찾는 유명한 관광지가 되었어.

독일은 우리나라처럼 1945년부터 분단되어 살았어. 같은 문화와 전통을 갖고 살다 비슷한 시기에 분단이 된 나라였기 때문에 통일을 이룬 독일의 이야기는 우리에게 깊은 인상을 남겼어.

서로 으르렁거리며 싸우는 것이 아니라 사이좋게 지내기 위해 서독

의 총리였던 빌리 브란트는 '동방 정책'을 펼쳤어. 동독이 있는 동쪽에 따뜻하게 다가서는 방법을 제시한 정책인 거지. 사실 이 정책을 펴기 전까지만 해도 서독과 동독은 서로를 인정하지 않고, 상대를 무시하면서 혼자서만 잘살려고 했다고 해. 하지만 따사로운 햇볕을 통해 나그네의 옷을 벗기듯 서독이 먼저 동독에 손을 내밀어 친해지기 시작한 거지. 나중에 김대중 전 대통령은 독일의 이런 통일 정책에 영향을 받아 '햇볕 정책'을 만들었지.

동방 정책을 처음 펼쳤을 때 쉽지만은 않았어. 동독에게 너무 많은 것을 준다며 '퍼주기'를 하지 말라고 반대하는 서독 사람이 적지 않았거든. 하지만 브란트 총리는 흔들리지 않고 통일을 위해 노력했어. 결국 브란트 시대에 동·서독은 함께 유엔에 가입했고 이산가족 방문, 우편과 통신 교류, 무역을 통한 상호 화해와 발전을 이뤘어. 1970년에는 독일 분단 이후 처음으로 역사적인 동·서독 정상 회담을 가졌어. 두 나라는 경제와 여행, 스포츠 등의 분야에서 활발한 교류를 시작했지. 이후 독일은 1990년 10월에 통일을 이루었으니 브란트 총리의 '동방 정책'이 독일 통일에 큰 밑거름이 된 거야.

제2차 세계 대전의 결과로 분단된 독일에서도 수백만 명의 사람이 가족과 헤어지는 비극을 겪었어. 헤어진 가족들은 그때부터 체제가 다른 서독과 동독으로 갈라져 살게 되었어. 독일과 한국이 갖는 이러한 역사적 공통점에도 불구하고 독일의 분단은 한국보다는 그래도

독일 통일의 상징이 된 무너진 베를린 장벽.

견딜 만했어. 분단된 독일에서는 처음부터 양쪽의 사람들이 활용할 수 있는 연락 창구와 접촉이 있었거든. 서독과 동독 주민 간의 편지 주고받기가 가능했고 전화 연락도 할 수 있었어. 이젠 우리도 독일처럼 통일의 첫걸음으로 일단 이산가족끼리라도 최소한의 연락만이라도 주고받을 수 있게 되면 좋겠어.

2. 통일하게 되면 비용이 많이 든다던데요?

동독과 서독이 통일되었을 때 가장 부러워한 나라는 어느 나라였을까? 아마도 우리나라 사람들이 아니었을까? 당시엔 통일만 되면 모든 문제가 해결될 수 있을 거라고 믿었거든. 하지만 통일의 달콤함도 잠시, 통일 독일에서는 많은 문제도 생겼어. 그중 하나가 경제적인 어려움이었어. 동독의 어려운 경제를 되살리기 위해 서독이 많은 예산을 지원해야 했어. 그래서 통일된 독일은 한동안 경제적인 어려움을 많이 겪었어.

'통일이 반드시 좋은 것만은 아니구나!' 독일의 모습을 보면서 많은 사람이 그렇게 생각하게 된 것 같아. 통일이 되면 마치 우리가 북한 사람을 다 먹여 살려야 하는 것처럼 생각하기도 해. 북한보다 살림살이가 나은 남한 사람들이 북한을 도와주기 위해 더 많은 세금을 내야 하고 그러다 보면 남한 사람들도 살기 어려워질 거란 걱정이야. 이렇게 서로 나뉘어 살던 나라가 하나로 합쳐져 살아가기 위해 지불해야 하는 비용을 통일비용이라고 해.

주변에 통일비용이 많이 들어서 통일을 걱정하는 친구들도 있어. 그런데 통일비용에 대한 오해가 있는 것 같아. 우리가 어떤 통일을 만들어 가느냐에 따라 통일비용은 많을 수도 있고 없을 수도 있어. 독일 통일은 어느 날 갑자기 동독이 서독에 흡수되는 방식이었어. 동독과 서독은 제도 면에서나 경제 수준 면에서 차이가 매우 컸는데 준비가

부족한 상태로 동독이 서독에 편입되었어. 갑자기 제도를 통합하려다 보니 많은 비용이 들 수밖에 없었어. 경제 수준이 낮은 동독 사람들에 대한 지원을 서독 사람들이 낸 세금으로 했던 거야. 준비가 덜 되어 있었기 때문에 동독과 서독 사람들 사이에 오해와 편견이 싹튼 것도 사실이야.

우리가 만들어 갈 통일은 독일의 통일과는 달라야 할 것 같아. 한 사회가 무너져서 다른 사회에 흡수된다는 것은 상식적으로 좋지 않잖아. 어느 날 갑자기 다른 체제와 사고방식을 받아들이고 살아야 한다면 그 과정이 결코 쉽지 않겠지? 그래서 남한과 북한의 통일은 좀 다르게 진행되면 좋겠어. 우선 평화롭게 더불어 살면서 차근차근 통일을 고민해도 좋을 것 같아. 충분히 교류하고 협력하다 보면 북한의 경제 수준도 높아지고 사람들 간 생각 차이도 조금씩 줄어들 수 있을 거야. 이러한 과정을 거친다면 통일로 인한 충격도 많이 줄일 수 있겠지.

남한과 북한이 교류 협력을 진행하는 과정에서도 많은 비용이 들 수 있어. 북한 지역에 철도와 도로 건설을 위해서도 많은 돈이 들 거야. 이러한 과정에 남한 정부가 일방적으로 북한을 지원하지는 않을 거야. 서로의 이익을 계산해서 모두에게 도움이 되는 방식으로 약속을 정해야겠지. 이를테면 남한 정부와 기업들이 북한 지역에 철도와 도로를 건설해 주는 대신 앞으로 이 철도와 도로를 통해 벌어들이는 수익을 나눠 갖는 것을 약속하는 방식이 될 수도 있어. 서울역이 국제

선 열차역이 되어 중국과 러시아를 통해 유럽으로 연결된다면 많은 사람과 물자가 이 길을 이용할 거야. 그 과정에서 남한과 북한 모두가 이익을 얻을 수 있게 돼. 새로운 길을 만드는 것은 비용이라기보다 투자라고 생각하는 것이 더 적절한 표현이야.

서로 다른 사회를 하나로 합하는 것은 정말 어려운 일이야. 문제 해결 과정에서 남과 북의 사람들 사이에 크고 작은 오해와 갈등이 생길 수도 있어. 그 점에 대해 우리는 충분히 준비를 해야 돼. 그렇지 않으면 금방 후회하게 될지도 몰라. 하지만 지금처럼 나뉘어서 경쟁하고 갈등하며 살아가는 것보다 좋은 일이 훨씬 더 많이 벌어질 것이란 점도 분명해.

3. 남북이 무기 살 돈을 아끼면 어떤 곳에 쓸 수 있을까요?

한국전쟁이 끝났을 때 세계는 미국과 소련이라는 두 나라를 중심으로 대립했어. 미국의 영향을 많이 받았던 남한과 소련의 영향을 많이 받았던 북한은 자연스럽게 미국과 소련이 대립하는 최전방 지역이 되어 버렸어.

미국과 소련의 경쟁은 1940년대부터 1980년대 말까지 계속돼. 그 과정에서 양쪽 진영은 자신을 지키기 위해 경쟁적으로 새로운 무기를 개발하고, 다른 나라에 무기를 팔았어. 하지만 시간이 흐르면서 중국이 시장경제를 받아들이고, 분단되었던 독일이 통일을 하게 돼. 사회주의 국가를 대표했던 소련이 붕괴하면서 냉전 체제가 무너졌어.

그런데 남한과 북한은 여전히 무기를 개발하고 구입하면서 군사력을 키우고 있어. 양팔 저울을 생각해 봐. 한쪽이 무거워지면 기울어지잖아. 균형을 맞추기 위해 어떻게 해야 할까? 다른 한쪽에 뭔가를 올려놓아야 하잖아. 같은 원리야. 한쪽에서 상대방을 이기기 위해 새로운 무기를 사면 다른 한쪽은 어떻게 할까? 최소한 비슷한 힘을 갖춰야 쉽게 넘보지 못하잖아. 그래서 원하지 않아도 비슷한 성능의 무

기를 또 사야 돼. 그 와중에 웃고 있는 사람들도 있어. 우리에게 무기를 팔았던 강대국의 무기상들은 우리의 불안한 마음을 이용해 많은 돈을 벌었어.

남한과 북한이 분단되어 있는 한 무기를 개발하거나 사는 일도 계속될 것 같아. 많은 나라가 무기 살 돈을 사회 발전을 위해 투자할 때 우리는 울며 겨자 먹기로 무기 사는 데 많은 돈을 쓸 수밖에 없었어.

우리 다시 한 번 생각해 보자. 무기는 전쟁이 일어나야 써먹을 수 있어. 전쟁이 일어나지 않는다면 무기는 길가에 굴러다니는 깡통보다 못한 것일 수 있어. 깡통은 그냥 분리수거하면 되지만 무기는 위험해서 분리수거하는 데도 많은 돈이 들어. 이런 무기를 구입하기 위해 해마다 엄청난 돈을 쏟아붓는다는 건 아무리 생각해 봐도 이해하기 어려워. 그 돈은 우리 부모님과 우리가 내는 세금인데 말이야.

이렇게 얘기하는 사람도 있어. 전쟁이 일어나면 모든 게 끝이니까 철저하게 준비를 해 둬야 한다고. 맞는 말 같지만, 이 외에 다른 방법은 없을까? 조금 즐거운 상상을 해 볼까? 남한과 북한이 서로 믿음을 쌓아 가고 북한과 미국의 관계도 좋아진다면 무기를 살 돈을 많이 아낄 수 있을 거야. 그 돈을 다른 곳에 쓴다면 어떨까? 우리나라 인구가 줄고 있어 걱정이란 뉴스를 들어 본 적이 있을 거야. 아기를 낳고 기르기 위해 드는 비용을 국가가 대신 부담한다면 출생률 증가에 큰 도움이 될 거야. 또 학급당 학생 수를 줄여서 선생님과 학생이 좀 더 친밀하게 공부할 수도 있어. 형편이 어려운 어르신들을 위해 좀 더 많은 도움을 드릴 수도 있어. 새로운 일자리를 만드는 데 국가가 좀 더 적극적으로 투자를 할 수도 있어. 곧 그런 날이 올 수 있을 것 같아. 다른 나라 사람들도 부러워하는 살기 좋은 우리나라!

> 남한과 북한이 분단되어 있는 한
> 무기를 개발하거나 사는 일도 계속될 것 같아.
> 많은 나라가 무기 살 돈을 사회 발전을 위해
> 투자할 때 우리는 울며 겨자 먹기로
> 무기 사는 데 많은 돈을 쓸 수밖에 없었어.

4. 누가 통일을 결정하고 이루어야 할까요?

통일에 대한 생각은 사람마다 달라. 통일이 필요하다고 생각하는 사람도 있지만 불필요하다고 생각하는 사람도 많지. 어떤 통일이 되어야 하는가에 대해서도 다양한 견해가 있어.

전쟁이 일어나서 남한과 북한 중 어느 한쪽이 무너지고 통일이 이루어질 수도 있어. 설마 이런 방식을 바라는 건 아니겠지? 전쟁을 통한 통일은 많은 사람을 죽거나 다치게 만들 거야. 통일이 되어도 원한을 안고 살아가는 사람이 너무 많을 거고. 모두에게 회복할 수 없는 큰 상처를 남길 것이 분명해. 독일처럼 한쪽이 흡수되는 통일이 있을 수도 있어. 하지만 독일통일 이야기에서도 말했듯이 이러한 방식도 많은 사람을 힘들게 하고 슬프게 만들 수 있어. 어느 한쪽이 다른 한쪽을 부양해야 한다는 것도 쉽지 않은 일이고.

모두 만족한 가운데 만들어 갈 통일의 모습은 어떤 것일까? 남한과 북한 사람들은 오랫동안 서로 다른 문화 속에서 살아왔어. 어느 날 갑자기 한 나라를 이루게 되었을 때 사람들이 만나다 보면 크고 작은 갈등이 생길 것은 쉽게 예상이 돼. 불필요한 갈등은 줄여야겠지? 어

떻게 줄일 수 있을까?

　이런 걱정을 우리만 한 것은 아닌가 봐. 오래전부터 통일 문제를 고민하던 사람들은 차근차근 통일을 이루어갈 필요가 있다고 보고 통일 방안을 제시했어. 민족공동체통일방안이라고 하는 거야. 우리 정부의 공식적인 통일 방안이야. 이 방안에 의하면 통일은 하루아침에 이루어지는 게 아니야. 통일의 과정은 크게 3단계로 나누어져 있어. 화해·협력, 남북연합, 통일국가의 3단계를 거쳐야 한다고 보았어. 남한과 북한이 서로 너무 많이 달라졌기 때문에 차근차근 시간을 갖는 가운데 친해져야 한다고 본 거야.

　화해·협력 단계는 남한과 북한이 믿음을 쌓아 가면서 서로를 적으로 바라보지 않도록 해야 된다는 거야. 서로에 대한 믿음이 쌓이면 긴장이 풀릴 수 있어. 서로에게 도움이 되는 방향으로 교류와 협력을 하게 되면 모두가 평화롭게 살 수 있다는 거야. 사이좋은 이웃 나라와 같은 관계야.

　남북연합 단계는 이웃 나라 같은 관계보다는 좀 더 친밀해지는 단계야. 남한과 북한이 약속해서 함께 공유할 수 있는 법과 제도를 만들어서 남북연합 기구를 만들고 그 속에서 공동의 문제를 해결해 나가는 단계야. 이 단계를 하나의 온전한 국가로 보기는 어려워. 왜냐하면 남한과 북한 모두 각자의 정치체제와 군대를 그대로 인정하는 단계거든.

통일국가 단계는 남북연합 단계를 넘어 하나의 정치공동체를 만드는 것을 말해. 즉 체제와 정부가 하나로 통일되는 단계에 해당해. 우리가 흔히 이해하고 있는 통일의 모습은 3단계를 의미하는 거야.

1단계에서부터 3단계까지 가는 데 시간이 얼마나 걸릴까? 그건 아무도 몰라. 이 방식만이 올바른 방식이라고 볼 수도 없어. 중요한 것은 통일을 하든 하지 않든 우리와 함께 이 땅에서 살고 있는 모든 사람이 지금보다 더 평화롭고 행복하게 살 수 있어야 한다는 거야.

이러한 미래는 누가 결정하고 실행에 옮겨야 할까? 흔히 통일은 정치인 몇 명이 회담장에서 도장을 찍는 것으로 생각하기 쉬워. 하지만 통일의 모습을 고민하고 실행에 옮기는 일은 어느 누군가 혼자서 결정할 문제가 아니야. 우리 모두가 이 문제를 해결해야 하는 주인이라는 자세로 관심을 갖고 의사 결정 과정에 함께 참여하면 좋겠어. 우리의 미래의 삶을 결정할 권리는 우리에게 있으니까 말이야.